Persephone

Arbeitsberichte der Medizinischen Sektion am Goetheanum

5

MICHAELA GLÖCKLER
JOHANNES DENGER
MANFRED SCHMIDT-BRABANT

SIND WIR ÜBERFORDERT?

Schulungswege in Heilpädagogik und Sozialtherapie zwischen Selbstfindung und Dienst am andern

Vortragsnachschriften der Internationalen Tagung für Heilpädagogik und Sozialtherapie am Goetheanum, bearbeitet und herausgegeben von Johannes Denger

VERLAG AM GOETHEANUM

(1993)

Herausgegeben von der Medizinischen Sektion
der Freien Hochschule für Geisteswissenschaft
am Goetheanum, Dornach
Einbandgestaltung von Gabriela de Carvalho

Gesamtherstellung: Freiburger Graphische Betriebe
ISBN 3-7235-0702-6

Inhalt

Vorwort

«Wir sind unseren Aufgaben nicht gewachsen – aber wir wachsen mit unseren Aufgaben.» So formulierte Jörgen Smit († 1991) als Leiter der Pädagogischen Sektion am Goetheanum einmal das Problem der helfenden Berufe auf einer Lehrertagung. Die hier zusammengestellten Beiträge zum Thema Schulungswege sind die überarbeiteten Vorträge der internationalen Tagung für Heilpädagogik und Sozialtherapie am Goetheanum vom Herbst 1992. Trotz der redaktionellen Überarbeitung haben sie die Frische und Unmittelbarkeit des gesprochenen Wortes behalten und möchten den Leser einbeziehen in das Gespräch über Fragen der Schulung im persönlichen und beruflichen Leben, aber auch im Leben unserer Zeit mit ihren gewaltigen Destruktionspotentialen fundamentalistischer und autoaggressiv-resignierender Art. Wie können die Kräfte konstruktiver Motivation angeregt und gestärkt werden? Wie kann der Abgrund überwunden werden, der sich zwischen Ideal und Wirklichkeit immer wieder so schmerzhaft auftut? Wie lernen wir, mit Idealen so umzugehen, daß sie uns nicht erdrücken oder angesichts der Wirklichkeit resignieren lassen? Wie kann das Höhere im Menschen so zur Wirksamkeit gelangen, daß es auch dem Alltagsleben Weihe geben und Sakramentalismus ein Prinzip der Lebensgestaltung werden kann?

Schulungsfragen sind Erkenntnis- und Willensfragen. Es sind Fragen nach dem Umgang mit sich selbst und all den Hindernissen, die sich einer gesunden Selbstfindung in den Weg stellen können. Es sind aber auch die zentralen Fragen des Helfen-Wollens und Helfen-Könnens. Diese Schrift möchte einen Beitrag zu ihrer Bearbeitung leisten. Sie wendet sich in erster Linie an Angehörige der helfenden Berufe, im weiteren Sinne aber auch an jeden für die Selbsterziehung interessierten Leser. Grundkenntnisse in Anthroposophie werden nicht vorausgesetzt, wohl aber Interesse und Aufgeschlossenheit.

Herzlich danken möchte ich Frau Regina Denzler, die die Schreibarbeiten aufs sorgfältigste durchgeführt hat. Insbesondere aber gilt mein Dank Johannes Denger, der die redaktionelle Bearbeitung aller Beiträge sowie die Herausgabe dieses Bandes besorgte.

Medizinische Sektion
am Goetheanum
Michaeli 1993 *Michaela Glöckler*

Johannes Denger

Helfen heute

Zur seelischen Problematik der helfenden Berufe

Michaeli wird das «Fest des Mutes» genannt. Wenn wir uns fragen, wo heute der Drachenkampf stattfindet, dessen Urbild wir in diesem Fest des Mutes uns in der Herbsteszeit vor die Seele stellen, so wollen wir den Blick einleitend nach außen, dann aber vor allem nach innen wenden.

Der große Kampf michaelischer Natur geht heute um die Frage nach dem Individuum des Menschen. Der Mensch ist sich selber durch wissenschaftliche Zuwendung zum Objekt geworden. Wir haben dieses Objektverhältnis zum Menschen verinnerlicht und stehen heute immer wieder neu vor dem Problem, daß uns der andere, daß wir uns selbst zum Gegenstand werden. Besonders deutlich tritt diese Schwierigkeit in all den Berufssituationen auf, in welchen wir uns genötigt sehen, von Betreuern und Betreuten zu sprechen. In dieser Geste des «Ich bin der Betreuer, du bist der Betreute» liegt potentiell das Zum-Gegenstand-Machen als Gefahr darinnen.

Durch das Paradigma der Wertneutralität wenden wir uns dem Menschen zu, versuchen, dieses Rätsel zu entschlüsseln auf Wegen wie zum Beispiel der Gentechnologie, und der Mensch verkommt uns dabei zur Biomasse.

Ich möchte zwei aktuelle Beispiele anführen: Am 1. Oktober 1992 meldete die «Basler Zeitung», daß es nun erstmals gelungen ist, ein menschliches Chromosom vollständig zu entschlüsseln, und zwar das uns bekannte «Chromosom 21», das mit zuständig ist für das «Down-Syndrom» und andere Behinderungsformen. Es heißt hier:

«Wissenschaftler aus aller Welt haben das erste menschliche Chromosom komplett entschlüsselt. Defekte in diesem Abschnitt des Erbgutes gelten als Ursache einer Reihe genetischer Krankheiten wie des ‹Down-Syndroms› und einiger Formen der Alzheimer Krankheit ... Die Genom-Forschung ist ethisch stark umstritten, weil sie in fernerer Zukunft gezielte Eingriffe in das Erbgut möglich machen könnte, die nicht nur zur Behandlung von Erbkrankheiten eingesetzt, sondern auch zur Beeinflussung von körperlichen und von Charaktereigenschaften mißbraucht werden könnten.»[1] Die Kluft zwischen dem, wie der Mensch sich selbst erlebt, und dem Gegenstandsbewußtsein vom Menschen tut sich äußerlich wie innerlich auf. Wie anders war das soziale Klima in den Jahren um 1968 in Bezug auf die Frage der Solidarität mit Menschen mit Behinderung.

Erinnern wir uns an diese Zeit, in der die sozialen Berufe im Schwange waren. Wenn wir sie mit der heutigen Situation vergleichen, bemerken wir: Da ist eine radikale Änderung eingetreten. Dieses gesellschaftliche Klima wird mitgeprägt durch das Abstürzen der Ideologien im Osten, die ja auch einmal Ideale waren. Das Ideal des Kapitalismus, das gemeinhin gar nicht als solches erkannt wird, nämlich, daß der bestmöglich ausgelebte Eigennutz auch den größtmöglichen Gemeinnutz zur Folge habe, dieses Ideal tritt heute praktisch konkurrenzlos als Ideologie hervor und führt zu den bekannten Formen der Ausbeutung der Erde und der Menschen.

Dann ist die sogenannte «Neue Euthanasiedebatte» aufgetreten; das Recht, mit einer Behinderung zu leben, wird in Frage gestellt. Ich möchte auch zu dieser gesellschaftlichen Klimaveränderung etwas zitieren aus der «Frankfurter Rundschau» vom September 1992 unter der Überschrift «Ekel brachte Preis-Nachlaß»:

«Die Anwesenheit behinderter Urlaubsgäste in einem Hotelspeisesaal rechtfertigt nach Ansicht des Amtsgerichtes Flensburg, daß anderen Urlaubern der Reisepreis gemindert wird. Es gab der Klage eines Ehepaares statt, das mit zwei kleinen Kindern im Herbst vergangenen Jahres in der Türkei zwei Wochen Urlaub gemacht hatte. Im Speisesaal, in dem die Familie aß, wurde während einer dieser Wochen auch eine Gruppe von zehn schwerbehinderten Rollstuhlfahrern verköstigt. Der ‹unausweichliche Anblick der Behinderten und der von ihnen verursachte Ekel› habe die Kläger ständig an die Möglichkeiten menschlichen Leidens erinnert, heißt es in der Urteilsbegründung. Dies gehöre nicht zu einem typischerweise erwarteten Urlaubsverlauf.»

Dies sind Symptome, wie sich diese Klimaveränderung vollzieht. Auf der anderen Seite ist der Ruf nach Integration nicht zu überhören, der auch Hoffnung gibt für die Menschen, mit denen wir leben und arbeiten. Man möchte, daß die Menschen mit Behinderung vollwertig mit sogenannt normalen Menschen zusammenleben. Es ist ein großes Paradox: einerseits herein an den Tisch bitten, integrieren und andererseits durch die Pränataldiagnostik und durch die «Neue Euthanasiedebatte» radikaler Ausschluß vom Leben selbst. Das ist die zwiespältige Situation, in der unsere Gesellschaft heute den Menschen mit Behinderung, vor allem den sogenannt «geistig Behinderten», begegnet.[2]

Ich habe im Kinderheim Sonnenhof ein Erlebnis gehabt, das ich hier berichten möchte, weil es mehr sagt als jede theoretische Erwägung.

Zwei etwa sechzehnjährige Menschen mit «Down-Syndrom» hatten in der Eurythmie das folgende Gedicht von Christian Morgenstern gehört und gesehen:

«Ich bin so dumm, du bist so dumm,
Wir wollen sterben gehen, kumm!»
Doch, wie es kommt so öfter eben:
Die beiden blieben fröhlich leben.[3]

Jetzt befanden sich die beiden im Garten im Sonnenhof und spielten das nach: «Ich bin so dumm ...» Der Pfarrer des Dorfes kam vorbei, sah das, war etwas befremdet und ging weiter. Die beiden bemerkten, daß da etwas nicht stimmt und riefen ihm nach: «Nein, nein! Es stimmt nicht! Wir tun nur so!» – Ich glaube, das ist das Grundproblem dieser Fragestellung.

Nach dieser kurzen Horizontabschreitung, die natürlich ganz unvollständig ist, möchte ich mich der Situation des einzelnen zuwenden. Auch hier finden wir in den vergangenen Jahren eine große Veränderung. Ich erinnere mich an die Zeit nach 1968, als die Sozialberufe hoch im Ansehen standen und für viele «von uns» die Möglichkeit boten, in einem an sich abgelehnten oder zumindest hinterfragten gesellschaftlichen System eine Nische zu finden, innerhalb derer man sich einrichten und etwas begrenzt Sinnvolles tun konnte.

Viele von uns haben dann erlebt, daß sie an Grenzen gekommen sind: an Grenzen der Kraft, in innere seelische Not, in Überforderungssituationen. So wurde in dieser Zeit auch ein neues Krankheitsbild entdeckt. Ich will dies hier an den Anfang der individuellen Betrachtung stellen, ohne es auszuführen. Es ist typisch für unsere Zeit, und – ob man nun die psychologische und psychoanalytische Terminologie mitvollziehen kann oder nicht – es deutet auf etwas hin, was wir alle kennen. Es wurde das sogenannte «Burn-out-Syndrom» entdeckt, im deutschen Sprachbereich auch «Helfer-Syndrom» genannt.

Nicht alle Helfer sind in dieser Situation, aber die Gefahr besteht, daß Menschen, die an dem großen Ideal, ihren Egoismus zu überwinden und altruistisch, nämlich auf den Mitmenschen bezogen, tätig zu werden, scheitern. Dieses Ideal überfordert sie im Alltag. Wolfgang Schmidbauer[4] hat fünf Symptome geschildert, die sich zu diesem Syndrom subsummieren:

- Es handle sich meist um Helfer, die als Kinder von ihren Eltern – ausgesprochen oder unausgesprochen – abgelehnt wurden.
- Sie seien, wenn überhaupt, nicht um ihrer selbst willen geliebt worden, sondern hätten sich Zuspruch nur durch an den hohen elterlichen Erwartungen orientiertes Verhalten verdienen können.
- Dadurch seien sie in ihrem Wunsch nach Selbstbestätigung unersättlich geworden.
- Typisch sei die Vermeidung von Beziehungen zu Nicht-Hilfsbedürftigen auf der Basis von gleichberechtigtem Geben und Nehmen.
- Sie seien indirekt aggressiv gegen Nicht-Hilfsbedürftige.

Ist jemand in dieser Situation, kann sich das so auswirken, daß, wie Goethe es sagt, «aus Wohltat Plage wird», und das eigentlich Bedrükkende – abgesehen von der individuellen Situation desjenigen, der unter diesem Krankheitsbild leidet – ist, daß ein Mensch, der so dem Betreuten begegnet, Hospitalismus erzeugt; das heißt, dadurch, daß er darauf angewiesen ist, dieses Gefälle in der Begegnung aufrechtzuerhalten, erzeugt er den Patienten fortwährend neu.

Das ist ernst zu nehmen. Denn was liegt vor? Es liegt ein Verhältnis von «alles oder nichts» vor, von welchem derselbe Autor sagt (sinngemäß)[5]: Wenn ich diese Beziehung zum Ideal habe, «alles oder nichts», dann werde ich die Destruktivität des Ideals erfahren. Wenn ich das Ideal als etwas Hohes, weit Entferntes, außer mir Stehendes erlebe und mich als den schlichten, kleinen Menschen mit seinen Alltagsproblemen, gibt es zwei vermeintliche Möglichkeiten: die Grandiosität: «Das Ideal bin ich schon», oder die Depression: «Es hat gar keinen Sinn, daß du dich anstrengst, das wirst du nie erreichen.»

Wir sehen uns hineingestellt in diese Spannung, die uns ja auch von anderen Zusammenhängen vertraut ist: Grandiosität auf der einen Seite («ich schmeiß hier den Laden») und Depression auf der anderen Seite («Rückzug in die Krankheit»). Schmidbauer sagt weiter, menschenkundlich richtig: «Das Ideal schläft nicht.» Das Ideal ist geistiger Natur, es kommt aus der Begriffssphäre – wir werden das gleich noch näher untersuchen – und daher schläft es nicht. Der Mensch hingegen muß schlafen, und so entsteht die Spannung zwischen dem auch in zyklischen Prozessen lebenden Menschen und dem Ideal, das nicht schläft.

Ideale sind nicht destruktiv, sondern das Verhältnis zu dem Ideal kann ein selbstschädigendes werden. Lassen Sie uns diese ganze Fragestellung menschenkundlich betrachten.

Was ist ein Ideal? Laut Lexikon: «Gemeinsprachlich der Inbegriff der Vollkommenheit, Vorbild, Wunschbild und erstrebenswertes Ziel menschlichen Handelns.»[6] Warum braucht der Mensch Ideale? Braucht er überhaupt Ideale? Viele hatten die Botschaft verstanden und bemerkt: Wir müssen nur das Ideal aufgeben, dann geht es uns besser! Ist das gemeint? Warum brauchen wir Ideale? Weil wir Bürger zweier Welten sind. Wir sind Bürger der physischen, der materiellen Welt. Das ist allgemein bekannt und anerkannt. Wir sind aber auch Bürger der geistigen Welt. Erinnern wir uns nur an dieses phänomenologische Beispiel eingangs der «Theosophie»[7], wo Rudolf Steiner beschreibt, was geschieht, wenn ein Mensch über eine Wiese geht. Er erlebt sie jetzt, im Augenblick, er verbindet Gefühle mit diesem Erleben, an diese Gefühle kann er sich erinnern, und er denkt womöglich über Naturgesetze nach, die unabhängig von der jetzigen Situation sind, die auch im nächsten Jahr noch gelten werden.

An diesem Beispiel macht Rudolf Steiner phänomenologisch deutlich, daß wir Bürger dreier Welten sind: der physischen Welt, der geistigen Welt, insofern wir die Gesetzmäßigkeiten verstehen, und der seelischen Welt, die wir uns schaffen, wenn wir uns mit dem, was uns als Objekte begegnet, durch Wahrnehmung und Handlung verbinden.

Wir sind also Bürger zweier Welten und schaffen eine dritte. Man kann dies mit der Schillerschen Terminologie («Über die ästhetische Erziehung des Menschen»[8]) auch folgendermaßen darstellen: Es gibt zwei Pole, den Stofftrieb und den Formtrieb. Wenn ich nur unter der Wirksamkeit des Stofftriebes stehe, bin ich der Sklave meiner Leidenschaften. Als Gegenmaßnahme haben ja die Magister in den früheren Jahren immer die *Idee* empfohlen: Wenn es von unten zu sehr brodelt, dann muß dem eine Idee entgegengesetzt werden. Aber Schiller sagt: Es gibt auch den *Sklaven der Vernunft*. Eine Idee, der ich mich nicht *erlebend* gegenüberstelle – so Rudolf Steiner in der «Philosophie der Freiheit»[9] –, bringt mich unter ihre Knechtschaft. Es gibt also ein Sklaventum der Leidenschaft und ein Sklaventum der Vernunft.

Mir scheint, das Helfer-Syndrom ist ein typisches Beispiel für das Sklaventum der Vernunft. Schiller entwickelt zwischen diesen beiden notwendigen Polen den Spieltrieb. Wenn die Kraft, die Vitalität des Stofftriebs und die klärende, formende Kraft des Formtriebs oder der Idee aufeinandertreffen und eine Art Doppelgeste vollziehen – Wärmeimpulsierung von unten, Klarheit von oben –, wenn sie in einem bewußten Akt aufeinander bezogen werden, dann entsteht ein Freiraum, dann wird Mitte geschaffen.

Man kann das auch anhand der Wesensgliederkunde darstellen. (Ich beziehe mich im weiteren auf den 4. Vortrag der «Allgemeinen Menschenkunde» Rudolf Steiners[10].) Rudolf Steiner entwickelt die Wesensglieder Physischer Leib, Ätherleib, Astralleib, Ich, Geistselbst, Lebensgeist und Geistesmensch. Daneben setzt er – ich möchte es nennen die «Aggregatzustände des Willens». Er fragt also in dem Vortrag danach, wie der Wille auf der jeweiligen Wesensgliederstufe auftritt. Der Instinkt entspricht dem physischen Leib, der Trieb, schon gerichtet, entspricht der Ätherleibstufe, die Begierde, zunehmend und abnehmend, entspricht der Stufe des Astralleibes, und auf der Ich-Stufe kommen wir zum Motiv. (Rudolf Steiner führt das weiter über Wunsch, Vorsatz und Entschluß, die ich hier nur anmerke, aber nicht ausführe.)

Jetzt kommt der springende Punkt, den man sehr leicht überliest. Rudolf Steiner sagt nämlich sinngemäß: Dasjenige, was der Ätherleib aus der Sphäre des Instinktes an Wille *ergreifen* kann, hebt er auf seine Stufe, und es wird zum Trieb. *Dasjenige,* was der Astralleib vom Trieb *ergreifen* kann, hebt er auf seine Stufe, und es wird zur Begierde. Und *dasjenige,* was das Ich aus Instinkt, Trieb und Begierde ergreifen und verwandeln und auf seine Stufe heben kann, wird zum Motiv oder zum Beweggrund für den Menschen.

Es handelt sich also auch hier nicht um Schubladen oder Abteilungen, sondern es geht Rudolf Steiner gerade um den Verwandlungsimpuls, um die *Metamorphose dieses Willensstromes* von Instinkt über Trieb und Begierde zum Motiv und in weitere Regionen.

Geistesmensch:	Entschluß
Lebensgeist:	Vorsatz
Geistselbst:	Wunsch
Bewußtseinsseele:	
Verstandesseele:	Motiv
Empfindungsseele:	
Empfindungsleib:	Begierde
Ätherleib:	Trieb
Physischer Leib:	Instinkt

Wenn ich nun einen Strich ziehe zwischen den unteren Wesensgliedern einerseits, dem Ich und den oberen Wesensgliedern andererseits, dann komme ich auf eine scheinbare Alternative. Entweder lebe ich nur aus dem unteren Menschen; das wird mich krank machen, weil ich vegetieren werde und am mangelnden Sinn meines Daseins verzweifle. Der Bürger der geistigen Welt bleibt unterernährt. Oder ich meine, ich kann nur aus dem Motiv leben, ich kann nur aus dem Ideal leben und verneine den bedürftigen Teil. Dann werde ich auch krank; die Körperlichkeit «rächt» diese Mißachtung dadurch, daß sie Krankheiten hervorbringt.

Im einen Fall werde ich ein blutleerer Mensch, der keinen Zugang mehr hat zur vitalen Sphäre; im anderen Fall werde ich ein vegetierender Mensch, der keinen Zugang mehr hat zur idealen Sphäre. Worum es eigentlich geht, ist, daß wir täglich rhythmisch in vegetative Prozesse eintauchen, uns wieder befreien von diesen vegetativen Prozessen, uns der Idee zuwenden, aus der Idee arbeiten können, aber uns auch wieder zurückwenden und der Leiblichkeit zu ihrem Recht verhelfen müssen. Wenn dieses Idealverhältnis anstelle des Statischen tritt, so ist es ein *prozessuales Idealverhältnis.* Selbstverständlich werde ich einen Tag nur wenig erreichen, ich werde weit zurück müssen, werde mich erholen müssen; ich werde an einem anderen Tag weiter kommen, es wird ein lebendiges Verhältnis, wo ich nicht sagen muß «alles oder nichts», sondern wo ich sage: «Gott sei Dank, ich konnte die Idee fassen und ich möchte sie (ich verwende den Sprachgebrauch Rudolf Steiners) zum Ideal werden lassen dadurch, daß ich sie verwirkliche.»

Zusammenfassend können wir sagen: Erst wenn der Mensch sich als Ganzheit sehen und akzeptieren, sich als Ganzheit entwickeln kann, von der erotischen bis zur kosmischen Sphäre, ohne primäre Wertung, sondern verstehend, wo welches Element seine Bedeutung und seine Berechtigung hat, erst dann findet er zur Mitte und kann aus der Mitte heraus frei handeln.

Ich möchte dieses grundsätzlich Ausgeführte an einem konkreten Beispiel verdeutlichen. Wir kennen das pädagogische Gesetz aus dem «Heilpädagogischen Kurs»[11]: Das jeweils höhere Wesensglied des Erziehers wirkt auf das weiter unten stehende, nächste Wesensglied des Kindes. Beispielsweise wirkt der Astralleib des Erziehers auf den Ätherleib des Kindes. (Dieses pädagogische Gesetz ermöglicht uns auch, das sogenannte Imponderable in der Erziehung zu verstehen, daß nicht nur wirkt, was ich zum Kind sage, was ich direkt denke, was ich äußere, sondern daß auch andere Wirkungen da sind.)

Ich meine, daß es zu der Mission unserer Tätigkeit gehört, ein Phänomen zu retten: das Mitleid oder, weiter gefaßt, das Mitgefühl. Sie finden in der Öffentlichkeit heute in den helfenden Berufen vorwiegend eine Tendenz zur Professionalisierung, zum Job-Bild. Da hat das Mitleid bewußt keinen Platz.

Was führt Rudolf Steiner über das Mitleid im «Heilpädagogischen Kurs» aus?

«Wenn nun der Erzieher innerlich sich ganz hineinfühlen kann in diese Lage, ... wenn man mitfühlen ... und zu gleicher Zeit entwickeln kann aus seiner eigenen Energie heraus ein tiefes Mitleid mit diesem so innerlich Erlebten, dann bildet man im eigenen Astralleib das Verständnis aus für diese Lage des Kindes, und man wird nach und nach dazu kommen, jede Spur von Sympathie oder Antipathie mit dieser Erscheinung bei dem Kinde in sich auszutilgen.»[12]

Hier spielt das Mitleid eine zentrale Rolle, und ich möchte versuchen, diesen Satz aufzuschlüsseln. Ich glaube, es liegt eine Methode darin verborgen. Was wird beschrieben? «Sich hineinfühlen in die Lage des Kindes ... mitfühlen mit der Erscheinung.» Was wird getan? Eine Geste des Hinausgehens in der Wahrnehmung; diese Wahrnehmung wird dann nach innen genommen, sie wird gefühlt. Und jetzt kommt der zweite Schritt: «Aus eigener Energie heraus ein tiefes Mitleid mit diesem so innerlich Erlebten entwickeln.» Das Mitleid richtet sich nicht nach außen – «Du Armer!» –, nach außen geht die Wahrnehmung, die dann nach innen genommen wird, und diesem innerlich Nachvollzogenen gegenüber wird ein tiefes Mitleid entwickelt.

Der dritte Schritt: «Dadurch im eigenen Astralleib das Verständnis für diese Lage ausbilden.» Der letzte Schritt: «Dazu kommen, jede Spur von Sympathie und Antipathie mit dieser Erscheinung bei dem Kinde in sich auszutilgen.» Nun folgt der tröstliche Nachsatz: «Und dann wird er» – gemeint sind wir, die Erzieher – «alles übrige mehr oder weniger richtig besorgen.»

Mir scheint, da ist ein typisches Beispiel geschildert für das Arbeiten an den Wesensgliedern. Der Willensstrom ist in einer gewissen Naturhaftigkeit da bis zur Stufe des Astralleibs, er ist heute auch bis zum Motiv voll entwicklungsfähig und zeigt Anklänge an die Geistselbstsphäre. Wenn man diesen Willensstrom bewußt ergreift, dann bewirkt man Heilpädagogik und Sozialtherapie in der Menschenbegegnung.

Das Wunderbare ist, daß der Mensch die Blutwärme umwandeln kann in seelische Wärme, in seelisch-geistige Wärme, und daß er dadurch seine Mission auf der Erde ausführt.[13] Blutwärme wird umgewandelt in seelisch-geistige Wärme. Mir scheint, überall, wo das in unserem Berufszusammenhang im angedeuteten Sinne geschieht, dürfen wir *hilfreiche Helfer* sein, und wir dürfen uns auch an einer Menschheitsaufgabe schaffend wissen.

Goethes Rätselmärchen «Von der grünen Schlange und der schönen Lilie» ist eine Imagination, die durch dem Sinnlichen entliehene Bilder einen übersinnlichen Vorgang veranschaulicht. Wie im Keime sind in diesem «Märchen» die Grundmotive der Anthroposophie enthalten, die Rudolf Steiner in Stufen von der Erkenntnis über die Kunst bis in die Lebenspraxis einzelner Fachgebiete entfaltet.

Von zwei Reichen erzählt uns Goethe, die durch einen Fluß voneinander getrennt sind: das Reich der schönen Lilie und das Reich der grünen Schlange. Aus dem übersinnlichen Reich Liliens führt ein Fährmann die handelnden Personen ins sinnliche Reich der grünen Schlange. Zurück darf er niemanden fahren. Zwar gibt es vorübergehende Möglichkeiten eines Brückenschlages, diese sind aber an bestimmte Bedingungen geknüpft und eingeschränkt. Es gibt noch keine frei begehbare Brücke. Von diesem Brückenbau zwischen sinnlicher und übersinnlicher Welt handelt das Märchen. Ein enterbter Königssohn wandert nun barfuß hinüber und herüber, mit der unstillbaren Sehnsucht nach der schönen Lilie, deren Bild er, seit er ihrer einmal ansichtig wurde, im Herzen trägt.

Die schöne Lilie ist das Ideal, und er strebt ruhelos und unglücklich nach der Vermählung mit ihr. Sie ihrerseits wünscht diese Verbindung, das Ideal «sehnt sich» nach Verwirklichung. Nun hat Lilie aber für einen, der aus dem Diesseits kommt, eine verhängnisvolle Eigenschaft: Durch ihre Berührung verwandelt sich Totes in Lebendes, Lebendiges aber in Totes.

Jede Berührung mit einem Ideal-Geistigen wirkt lähmend, ist der die Berührung Herbeisehnende nicht entsprechend vorbereitet. Gibt es ein sprechenderes Bild für das, was die moderne Psychologie «Destruktivität des Ideals» nennt, als den barfüßigen Jüngling, der sich voller Verzweiflung Lilie an die Brust wirft und entseelt zu Boden sinkt?

Nun kommt die grüne Schlange zu Hilfe, die Lebenserfahrung, die im Diesseits durch die Kraft des Interesses alles erreichbare Weisheitsgold in sich aufgenommen hat. Durch die Lebenserfahrung wird zunächst die Verwesung des Jünglings vermieden, und mit Hilfe des weisen Alten, der seine Lampe nur leuchten lassen kann, wo schon Licht ist, wird nun die Lösung des Rätsels, die Bedingung des eigentlichen Brückenbaues erkannt. Das erlösende Wort kann nur von der grünen Schlange selbst kommen, und sie flüstert es dem Alten ins Ohr. Die Schlange, die gesättigte Lebenserfahrung, opfert sich selbst, zerfällt durch die Berührung Liliens in viele Edelsteine, die ihrerseits das Fundament bilden, aus dem eine mächtige Brücke wächst.

Bevor dies geschehen kann, muß noch der Tempel aus seinem verborgenen Dasein im Diesseits befreit werden zur Offenbarung im Jenseits als ein Tempel, der nun dank des gelungenen Brückenschlags jedem frei zugänglich ist: das offenbare Geheimnis!

In seinem unterirdischen Zustand enthielt der Tempel vier Könige, einen goldenen, der die Weisheit verkörpert, einen silbernen, den schönen Schein symbolisierend, und einen ehernen, der die Macht repräsentiert. Der vierte König ist aus diesen drei Metallen gemischt, in ihm herrscht Chaos.

Die drei Könige stehen für drei Reiche, an denen der Mensch durch die Seelenfähigkeiten des Denkens, Fühlens und Wollens teilhat. Der gemischte König ist ein Bild des gegenwärtigen Seelenlebens, in welchem die drei Bereiche chaotisch durcheinandergehen. Er muß in sich zusammenbrechen, sobald die Irrlichter das Gold herausgeleckt haben.

Auch der Jüngling hat längst nicht mehr Teil an der Dreieinigkeit: Er geht barfuß, seine Krone hat er verloren, nur noch sein Brustpanzer ist ihm geblieben. Aus dem mittleren Bereich heraus, aus dem Empfinden der Sehnsucht nach dem Ideal, geht er den Weg, der durch das Todeserleben in der Berührung mit Lilie zu neuer Begabung führt. In dem sichtbar gewordenen Tempel begaben ihn die drei Könige: der eherne mit dem Schwert, der silberne mit dem Szepter, der goldene mit dem Eichenkranz.

Erst durch den menschlichen Träger können die drei Seelenkräfte, die in den drei Königen in Reinkultur *nebeneinander* stehen, im gemischten König *durcheinander*gehen, sinnvoll harmonisierend *aufeinander* wirken. Der Mensch wird sein eigener Herrscher!

Eine solche kurze Zusammenfassung und solche Andeutungen können selbstverständlich nicht die Auseinandersetzung mit Goethes «Märchen» und Rudolf Steiners Deutung desselben ersetzen.[14] Es ist dieses Kleinod, geht man nicht seiner Unscheinbarkeit wegen achtlos an ihm vorbei, wohl unerschöpflich und für eine lebenslange Beschäftigung geeignet. Es eröffnet sich aber durch das «Märchen» auch ein echter Zugang zum prozessualen Umgang mit Idealen, wenn wir einen weiteren Hinweis Rudolf Steiners[15] heranziehen: Das Verständnis für den Schatz, der in den Märchen allgemein verborgen liegt, bleibt dem *Erwachsenen* verwehrt, solange er die handelnden Personen wie verschiedene Menschen betrachtet. Die Märchen sind dann ungerecht, brutal, sinnlos. Die Reichhaltigkeit dieser «seelischen Muttermilch» (Rudolf Steiner) erschließt sich, sobald wir die verschiedenen Personen als Seeleneigenschaften *eines* Menschen verstehen. In jedem Menschen gibt es den König, die Müllerstochter, das Rumpelstilzchen als aufeinanderwirkende Kräfte im Seelendrama.

Wenn wir nun auch das Goethe-Märchen unter diesem Gesichtspunkt betrachten, so wird der dort beschriebene Brückenschlag zur Aufgabe des einzelnen. In mir selbst sind die beiden Reiche zunächst voneinander getrennt. Mein Ich ist der enterbte Königssohn, der barfuß als Grenzgänger die Vermählung mit Lilie sucht. Mein höheres Ich wiederum sehnt sich nach Verwirklichung, und wir sehen in jedem Menschen die mikrokosmische Entsprechung zur makrokosmischen Aufgabe, den Brückenschlag zwischen Geist und Materie.

Gelingt es, das Ideal immer neu, barfuß – das heißt voraussetzungslos – anzustreben, dann ist das Ideal nicht mehr bloß ein (zu) hoch gehängtes Vorstellungsbild, das gleichsam als kategorischer Imperativ von außen fordert und den Strebenden durch Unerreichbarkeit deprimiert, sondern dadurch, daß es der Mensch als zu sich selbst gehörig erleben kann, wird das Streben selbst zum Ziel: Weg und Ziel sind eins![16]

Wir sind ausgegangen von der Frage des Kampfes um das Individuum. «Das Gewahrwerden der Idee in der Wirklichkeit ist die wahre Kommunion des Menschen»[17], so Rudolf Steiner. Und das bezieht sich natürlich auf Weltbegegnung überhaupt: Das Gewahrwerden der Idee in der Wirklichkeit (Monismus) ist die wahre Kommunion (Geistbegegnung) des Menschen. Ich möchte es jetzt beziehen auf die Menschenbegegnung. Wie kann ich der Idee des Individuums in der Wirklichkeit des Gegenübers begegnen, wie kann eine Geistbegegnung stattfinden?

In der «Philosophie der Freiheit» finden wir zwei Sätze, die Schlüssel sind zu dieser Fragestellung, der Fragestellung der Heilpädagogik und Sozialtherapie überhaupt. Der eine Satz heißt, basierend auf der erkenntnistheoretischen Problemstellung von Wahrnehmung und Begriff: «Beim Menschen selbst ist Begriff und Wahrnehmung zunächst *tatsächlich* getrennt, um von ihm ebenso *tatsächlich* vereinigt zu werden.»[18] Wir werden also auf eine Ausnahmesituation hingewiesen. Sonst kann ich die Idee bei entsprechender phänomenologischer Bemühung in der Wirklichkeit finden. Beim Menschen selbst ist Begriff und Wahrnehmung zunächst tatsächlich getrennt: der Mensch als Werdender. Das ist ein Akt, der erst vollzogen werden muß, ein Willensakt, ein Bemühen, diese beiden zur Übereinstimmung zu bringen.

Wir stehen immer wieder vor dem Problem, wenn wir als Vortragende etwa in der Elternarbeit sprechen und sagen, der Mensch bestehe aus Vererbung, Umwelt und Individuum. Vererbung und Umwelt sind für alle deutlich und unbestritten. Aber beim «Individuum» bleibt oft ein Gefühl zurück wie: «Es ist halt ein schöner Gedanke.» Warum? Weil sich das Individuum nicht allgemein beweisen läßt. «Individualität ist nur möglich, wenn jedes individuelle Wesen vom andern nur durch individuelle Beobachtung weiß.»[19] Denn andernfalls wäre es Norm. Wenn ich Ihnen beweisen könnte, daß hier in diesem Saal tausend Individuen sitzen, hätte ich einen neuen Normbegriff formuliert. Wenn ich das Individuum wirklich erreichen will, braucht es die konkrete, einzelne Menschenbegegnung. Sie bemerken, wie mühevoll unsere Arbeit ist, aber es ist die einzig reale, und es ist eben auch das Beglückende an unserer Arbeit, daß wir wissen können: Überall, wo in einem Dorf, in einem Heim, in einer Tagesschule, in einer Schulklasse diese individuelle Begegnung stattfindet, wird der Mensch *geheilt,* weil Wahrnehmung und Begriff zusammengebracht werden, die beim Menschen – zunächst tatsächlich – getrennt sind. Man kann den Menschen zum Ding machen, weil diese Trennung vorhanden ist, man kann aber auch mit gutem Willen in ihm den sehen, der er ist und der er einmal wird: Wahrnehmung und Begriff zusammenbringen.

Wir sprachen davon, wie Imponderables im Erziehungsvorgang wirkt. Ich möchte Ihnen abschließend ein Beispiel, das ich selber in der Waldorfschule erlebt habe und das mit der Michaeli-Zeit zusammenhängt, darstellen.

Als junger Lehrer hatte ich mich auf Michaeli vorbereitet, indem ich die Michael-Imagination[20] (das «Fest des Mutes», das «Eisen im Blut») gelesen hatte, selbstverständlich ohne den Kindern davon zu erzählen. Nun ließ ich die Kinder den Erzengel Michael malen. Einer der Jungen malte einen Engel, der hatte an der Seite ein großes Herz, am Hals ein kleines Herz, an den Handgelenken je ein kleines Herz und an den Fußgelenken auch je ein kleines Herz. Nun habe ich ihn erst für das schöne Bild gelobt und dann interessiert gefragt: «Sag mal, warum hat denn der Engel so viele Herzen?» Da antwortete er: «Du hast doch gesagt ‹Herzengel Michael›, und das ist da, wo das Blut klopft.» In diesem Sinne wünsche ich, daß unsere Arbeit ganz unter der Kraft dieses «Herz-Engels» steht.

ANMERKUNGEN

GA = Rudolf Steiner Gesamtausgaube, Dornach

1 Basler Zeitung, 1. Oktober 1992.

2 Siehe hierzu: Johannes Denger, Die Gesamtsumme des Glücks, Kritische Anmerkungen zur praktischen Ethik Peter Singers und zum aktuellen Stand der Euthanasiediskussion in der Bundesrepublik, in Plädoyer für das Leben mongoloider Kinder, Hrsg. Johannes Denger, Stuttgart 1990.

3 Christian Morgenstern, Galgenlieder, Die beiden Esel.

4 Wolfgang Schmidbauer, Die hilflosen Helfer, Reinbek 1977.

5 Wolfgang Schmidbauer, Alles oder nichts – über die Destruktivität von Idealen, Reinbek 1987.

6 Meyers großes Taschenlexikon in 24 Bänden.

7 Rudolf Steiner, Theosophie, GA 9, 1987.

8 Friedrich Schiller, Über die ästhetische Erziehung des Menschen.

9 Rudolf Steiner, Die Philosophie der Freiheit, GA 4, 1987.

10 Rudolf Steiner, Allgemeine Menschenkunde als Grundlage der Pädagogik, GA 293, 1992.

11 Rudolf Steiner, Heilpädagogischer Kurs, GA 317, 1985.
12 Ebenda, Vortrag vom 26. Juni 1924.
13 Rudolf Steiner, Eine okkulte Physiologie, GA 128, 1991.
14 Rudolf Steiner, Methodische Grundlagen der Anthroposophie, GA 30, 1989, Goethes Geheime Offenbarung; ders., Goethes Geistesart in ihrer Offenbarung durch seinen «Faust» und durch das Märchen von der Schlange und der Lilie, GA 22, 1979.
15 Ebenda.
16 Johannes Denger, Ideal und Wirklichkeit. Versuch über den Umgang mit Idealen am Beispiel der helfenden Berufe, Stuttgart 1992.
17 Rudolf Steiner, Einleitungen zu Goethes Naturwissenschaftlichen Schriften, GA 1, 1987, Goethes Erkenntnis-Art.
18 Rudolf Steiner, Die Philosophie der Freiheit, GA 4, 1987, IX. Kapitel.
19 Ebenda.
20 Rudolf Steiner, Das Miterleben des Jahreslaufes in vier kosmischen Imaginationen, GA 229, 1989.

Michaela Glöckler

I. Der Schulungsweg als therapeutische Aufgabe für den einzelnen[1]

Es gehört zu den zentralen Aufgaben der Medizinischen Sektion am Goetheanum, die Anthroposophie fruchtbar zu machen für ein Verständnis von Gesundheit und Krankheit und für ein tätiges Helfen-Wollen, Helfen-Lernen und Helfen-Können. Dies ist der spirituelle Auftrag, den wir den Inauguratoren dieser Sektion verdanken: Rudolf Steiner und Ita Wegmann.[2] So, wie es insgesamt die Aufgabe des Goetheanums als Freie Hochschule für Geisteswissenschaft ist, das Mysterienwesen alter Kulturen im Geist des Christentums zu erneuern, so gilt dies im Speziellen für die Mysterien des Heilens im Bereich der Medizinischen Sektion. Die Frage nach dem Schulungsweg als therapeutische Aufgabe führt uns in das Zentrum dieser Heilmysterien hinein. Denn was ist leibliche und seelische Gesundheit?

Leibliche Gesundheit ermöglicht dem Menschen, seinen Leib so zu benützen, daß dieser alles verarbeiten kann, was an Einflüssen von außen auf ihn zukommt wie Boden, Klima und Nahrung. Offene Sinne, waches Reaktionsvermögen, freies Spiel der Gliedmaßen und des Bewegungsvermögens: Der Leib dient sowohl als Instrument zur Selbstbeherrschung und zum Tätigsein als auch zur Weltwahrnehmung. Er ist Instrument für die Aufgaben des Erdenlebens.

Es ist gut zu verstehen, warum Rudolf Steiner immer wieder deutlich darauf hinweist, daß körperliche Beeinträchtigung oder Krankheit die Schicksalsfolge von Desinteresse an der Welt oder des nicht Verarbeiten-Könnens von Erfahrungen sein kann.[3] Die Krankheit wird so zum Bild des Unvermögens des menschlichen Ich oder, positiv ausgedrückt, zum Bild einer Aufgabe, die zu lernen ist. Wenn das Ich sich nicht für die Welt interessiert, aber auf der Erde ist, ist das ein Widerspruch. Man ist da, und doch nicht da, weil man nicht aufmerksam ist. Man steigt innerlich aus der Welt, aus dem Erd- und Lebenszusammenhang aus. Und dieses innere Aussteigen, dieser Mangel an tätigem Interesse und Lernen-Wollen verwandelt sich dann in dem Leben zwischen Tod und neuer Geburt in Krankheitsdispositionen für das nächste Erdenleben[4], so daß der Mensch im nächsten Leben die Möglichkeit hat, am eigenen Leibe die Folgen seines Verhaltens im vorigen Erdenleben wahrzunehmen. Dadurch lernt er sich selbst besser kennen und seine Aufgabe auf der Erde neu zu sehen.

Nun haben wir aber auch eine andere Gruppe von Krankheiten, die seelischen beziehungsweise die Gemütskrankheiten. Auch diese haben eine gemeinsame Wurzel. Sie sind Ausdruck, Bild dafür, daß wir uns nicht genügend für die Menschen in unserer nahen und fernen Umgebung interessiert haben. Ziehen wir uns innerlich aus dem sozial-menschlichen Zusammenhang heraus, interessieren wir uns vornehmlich für uns selbst und haben entsprechendes Desinteresse an den anderen Menschen, so bereiten wir seelisch bereits aktiv die Disposition vor, die dann in einem späteren Leben als eine Krankheitsneigung auftritt und zu einem Gefangensein in der eigenen Seele führt, das heißt zur seelischen Erkrankung. Sowohl für die körperlichen als auch für die seelischen Erkrankungen gilt, daß das, was in einem Leben noch Verhaltensspielraum und Freiheit des Ich war, im nächsten Leben zur Krankheitsdisposition, zum Seelen- oder Körperzustand wird, der nicht mehr frei läßt, sondern bearbeitet werden muß.

Der Schulungsweg hat seit den ältesten Mysterien immer nur ein Ziel gehabt: den Menschen in den Vollbesitz seiner urmenschlichen Kräfte zu bringen, ihm die volle Selbstbeherrschung zu geben und damit auch die Kraft, daß er als Mensch der geistigen Welt gegenübertreten und die moralische Beurteilung höherer Wesen ertragen kann. Diese innere Kraft erwarb man sich durch Schulung, und so ist das Ringen um volle Selbstbeherrschung, das heißt um volle Gesundheit immer verbunden gewesen mit dem Weg in die geistige Welt. Es ist zum Heil der Menschen, daß sie sich als Bürger zweier Welten kennenlernen dürfen; es ist zum Heil des Menschen, daß er sich öffnen darf einer reinen, guten, weiterführenden, impulsierenden, höheren Wesenswelt.

Die Menschen, die wir in heilpädagogischen und sozialtherapeutischen Einrichtungen betreuen, verhalten sich auf der Erde so, als wären sie – zumindest zu einem Teil – in der geistigen Welt geblieben. Wenn wir als sogenannte Gesunde in die geistige Welt kommen, dann werden wir dort ganz und gar heilpädagogisch-seelenpflegebedürftige Menschen, denn wir stellen uns ohne jedes Eigenwollen in einen neuen Weltzusammenhang hinein und lassen uns von den höheren Hierarchien im Gang durch die Planetensphären führen bis hin zur Weltenmitternacht und wieder zurück in das neue Erdenleben.[5]

So wie unsere Betreuten sich willig in den Morgenkreis, in das Frühstücksgeschehen, in die Vormittagstätigkeit, in die künstlerischen Übungen, in den Schulzusammenhang, in den ganzen geregelten Tages-, Wochen-, Monats- und Jahreslauf eingliedern, so benehmen wir sogenannt Gesunde uns nur in der Kindheit und in der geistigen Welt. Und das macht die ganz besondere Situation in einer heilpädagogischen und sozialtherapeutischen Einrichtung aus. Hier sind Menschenseelen anwesend, die die geistige Welt nicht ganz verlassen haben, weil das aus karmischen Gründen dieses Mal eben so ist. Daher erleben sie die Erdensphäre vom geistigen Aspekt aus und erwarten von uns, daß wir ein bißchen so sind wie die höheren Wesen, die Hierarchien, die sie gut kennen, mit denen sie noch stark verbunden sind.

Einrichtungen dieser Art sind erst im zwanzigsten Jahrhundert entstanden. Früher waren Medizin und Therapie eingebettet in den Familien-, Dorf-, Land- und Volkszusammenhang. Heilen war eine naturgegebene Fähigkeit, die in bestimmten Familien von den Eltern auf die Nachkommen weitergegeben wurde. Man kannte diese instinktiven Heilkräfte und Fähigkeiten, und es brauchte nur wenig Belehrung, um sie zu handhaben. Es war eben eine instinktive, halbbewußte Heilkunst, eine Ordnung, die noch fortlebte aus den alten Mysterienzeiten. Es war noch kein bewußt gewählter Beruf. Als im Mittelalter in Klostereinrichtungen erste Ansätze von Krankenhäusern entstanden, waren diese ganz eingebunden in den kirchlichen Zusammenhang. Auch die Pädagogik war eine reine Kirchenangelegenheit. Das mag mit ein Grund sein, daß die helfenden Berufe sich auch heute vielfach noch nicht kompetent fühlen und infolgedessen vom sogenannten «Burnout-Syndrom» betroffen sind. Es sind eben ganz neue Berufe, die nebst der normalen Ausbildung noch vieles voraussetzen. Jeder Beruf bedarf in der heutigen Zeit einer adäquaten Ausbildung. Das Wichtigste aber wird heute zumeist weder den Lehrern noch den Therapeuten vermittelt: wie sie zu wirklich pädagogischen und therapeutischen Fähigkeiten gelangen können, das heißt, Pädagogen und Therapeuten *werden*.

Es entspricht einer zeitgeschichtlichen Notwendigkeit, daß wir uns heute um dieses Thema bemühen. Therapie, liebevolle Hinwendung zu einem zu Betreuenden war bis ins achtzehnte, neunzehnte Jahrhundert hinein etwas, das von der Familie geleistet wurde und aufgrund der stark erlebten familiären Bindung auch geleistet werden konnte. Man konnte sich liebevoll einem Betreuungsbedürftigen zuwenden und sich seiner annehmen, weil man ihn kannte, weil er tatsächlich Bruder oder Schwester war. Aus der Blutsverwandtschaft bezog man die Kraft, aus welcher heraus Mitleid und Handlungsbereitschaft entsprangen. Das ist heute anders! Die Familien schaffen es nicht mehr, die Lebensverhältnisse haben sich an der Wende vom neunzehnten zum zwanzigsten Jahrhundert grundlegend geändert. Die Einzelpersönlichkeit ringt sich los aus der Familie, die jungen Leute verlassen schon früh das Elternhaus. Sie wollen weg von der Blutszusammengehörigkeit, hinaus in die Welt, weg aus dem Dorf, weg aus der Stadt, in die Heimatlosigkeit! Sie wollen ihr Ich finden, ihre Persönlichkeit. Da ist kein Platz mehr für blutgebundenes therapeutisches Tun.

Wir haben eine Schwelle überschritten, die Schwelle zur Individualität, aber auch die Schwelle zur tiefsten Einsamkeit, die Schwelle zum Ausgesetztsein, wo wir merken, daß uns niemand mehr hilft, wenn wir uns nicht selber helfen wollen. Damit haben wir eigentlich zugleich die Schwelle zur geistigen Welt auch insofern überschritten, als jeder Mensch heute erlebt, daß er selber Verantwortung für sich und seinen Umkreis mit übernehmen muß. Die tragenden sozialen Ordnungen sind nicht mehr da, die ihm das abnehmen können. Die letzten Ausläufer des alten Mysterienwissens in Staat, Kultur und Kirche, die von außen zu stützen und zu helfen vermochten, versiegen mehr und mehr, und das nicht mehr Zeitgemäße darin wird deutlich erlebt. Der einzelne fühlt mehr oder weniger klar: Es muß alles neu gefunden werden aus der Kraft des Ich heraus, das sich selbst besinnt auf seinen inneren Zusammenhang mit den Wesen der geistigen Welt, auf seine geistige Heimat jenseits der Schwelle, die die Welt der Sinne von der Welt des Geistes trennt.[6] Die Schwelle zur geistigen Welt ragt in jedes Menschenherz herein, wo die Sinneserfahrungen mit den geistig-moralischen Erfahrungen unseres Denkens, Fühlens und Wollens zusammentreffen.

Es sind große Pionierleistungen gewesen, aus kirchlichen und anthroposophischen Zusammenhängen heraus ganz neue sozialtherapeutische Einrichtungen zu schaffen, wie wir sie heute weltweit als Vorbilder haben. Einrichtungen, in denen Menschen jetzt aus Freiheit den Beruf der Nächstenliebe wählen und etwas zum Beruf machen, was heute nur aus Bewußtseinskräften heraus und durch Schulung errungen werden kann, indem Familienliebe vergeistigt wird zu allgemeiner Menschenliebe. Daher ist es auch verständlich, daß wir als Angehörige dieser Berufe oftmals in der Situation sind, eine Art Doppelleben zu führen: Auf der einen Seite steht das Bedürfnis des persönlichen Menschen und auf der anderen Seite das Ahnen, daß dieser Beruf noch etwas ganz anderes verlangt, als was ich für mich brauche. Mein Beruf verlangt von mir, daß ich über mich hinauswachse. Jetzt muß ich diese Spannung aushalten, mir selbst gerecht werden und trotzdem über mich hinauswachsen und meiner Arbeit gerecht werden.

Und dann keimt in der Stille noch ein Drittes: Ich bin nicht nur für mich und für meinen Beruf verantwortlich, sondern ich bin zugleich auch ein Glied der ganzen Menschheit. Mein Leib ist von dieser Erde genommen, von allen Stoffen, ich atme und verarbeite auch die Luft, die aus den Industriebetrieben, aus der Sahara und von fernsten Gegenden kommt. Ich bin schon in leiblicher Hinsicht ein Glied des Ganzen und werde mir immer mehr bewußt, daß ich eben auch seelisch und geistig ein Glied des Ganzen bin, mitverantwortlich für das Schicksal der Menschheit.

Wir suchen heute diesen inneren *bewußten* Anschluß an die Menschheit als Ganzes, über das leiblich gegebene unbewußte Zusammengehörigkeitserleben hinaus. Aber wir erleben auch die Ohnmacht, indem uns dies nicht ohne weiteres gelingt.

Die alten Mysterien haben den Menschen die Möglichkeit gegeben, sich auf der Erde der Führung der Mysterienlehrer anzuvertrauen. Man hatte das Vertrauen, daß diese Mysterienpriester durch Initiation, später durch Orakel, aus der geistigen Welt die Impulse, die Richtlinien, die orientierenden Hinweise für die Gestaltung des äußeren Lebens empfangen konnten, bis hinein in Kriegs- und Friedensordnungen. Diese alten Mysterien setzten aber voraus, daß der Kontakt zur geistigen Welt noch bestand, und wir wissen ja, daß bereits ab dem dritten Jahrtausend vor Christus dieses Mysterienwesen nach und nach erloschen ist. Die geistige Welt verstummte mehr und mehr für den suchenden, fragenden Menschen. Letzte Reste der göttlichen Offenbarungen wurden noch zuletzt in bestimmte philosophische Formeln und Grundeinsichten geprägt. Das war wie ein Abschiedsgruß dieses alten Mysterienwesens, und dann wurde es geistig finster um die Menschen, und es begann die Zeit, impulsiert durch das Erscheinen des Christus auf der Erde, wo die Menschen selber ständig zu lernen begannen, sich die eigene Richtung und soziale Orientierung zu geben, die sie brauchen und wollen. Immer mehr wurde erlebt, daß es die Kraft der eigenen Gedanken, Ziele und Ideale ist, die sie sich nun selbst erarbeiten dürfen und können, wodurch sie wiederum neu Anschluß finden an die geistigen Orientierungskräfte, wie sie von den höheren Wesen, insbesondere aber von der Christus-Wesenheit selbst ausgehen und heute in vollem Umfang in das Denken aufgenommen werden können als die Zielvorstellungen menschlicher Entwicklung. Aus der persönlichen Wegsuche heraus, im freien, selbstbewußten Denken, nicht mehr ohne eigenes Urteil am Gängelband eines Mysterienpriesters, nein, selbstbewußt und in bewußtem Zusammenschluß mit anderen Menschen sich wieder öffnen den Offenbarungen der geistigen Welt – das ist die neue Möglichkeit der Selbstverwirklichung geworden, der Ausgangspunkt eines neuen, christlichen Mysterienwesens. In diesem Sinne erleben wir heute den Doppelaspekt unseres Ich sehr deutlich: Es entfaltet seine Aktivität zunächst, seiner eigenen Macht unbewußt, unter fremder Führung und kommt dann im Laufe der Entwicklung immer mehr dahin zu erkennen, daß es sich selbst zu führen berufen ist. Entsprechend spiegelt sich diese Tatsache auch im Laufe der Kindheits- und Jugendentwicklung jedes einzelnen Menschen.

Die neuen Mysterien sind Mysterien des Ich. Alles, was die alten Mysterien an unendlicher Weisheit offenbart haben, das waren eben Offenbarungen aus dem mikrokosmischen Abbild des Makrokosmos heraus, das heißt aus dem astralischen und ätherischen Leib, aus deren ungeheurer Weisheitsfülle, aus deren Durchsetztheit und Durchdrungenheit mit höheren Wesenswirkungen. Jetzt geht das alles durch das Nadelöhr des Ich, und dieses Ich ist, wie Parzival, zunächst «tumb» – eine ungeheure Kraft, aber noch ganz unerzogen, unbelehrt. Die Weisheit des eigenen Wesens muß vom Ich selbst bewußt errungen werden.

Dieses Ich-Wesen des Menschen ist das kostbarste Gut. Es ist wie ein ungeschliffener Edelstein. Es befähigt uns, alle Weisheit der Welt, alle Liebe der Welt und alle Macht der Welt aus eigenem Antrieb neu zu erringen und zu handhaben, weil es seiner inneren Natur nach Wahrheit, Liebe und freie Willensmacht ist – so wie es im Johannesevangelium von der Ich-Natur des Christus gesagt wird, und von uns, da wir sie in uns aufnehmen sollen.

Schauen wir heute auf den Gegenwartsmenschen, auf das, was uns konstitutionell gefährdet, dann sehen wir, daß aus den Zeit- und Kulturverhältnissen heraus unbemerkt ein zentraler Angriff auf dieses Ich, auf diesen ungeschliffenen Edelstein geschieht: daß er nur ja nicht zu leuchten beginne, daß er nur ja nicht merke, wer er ist! Und dieser Prozeß, dieser Angriff auf das Ich, ist im Laufe dieses Jahrhunderts schon so weit fortgeschritten, daß wir jetzt gegen Ende dieses Jahrhunderts von einem vierfachen Entfremdungsprozeß sprechen können, den das Ich durchgemacht hat. Die Symptome für diese vierfache Entfremdung kennen wir alle; ich deute sie deswegen nur kurz an:

Die Entfremdung des Ich vom physischen Leib können wir überall da beobachten, wo der physische Leib abhängig wird, wo das Ich die Herrschaft über diesen Leib nicht hat, wo der Leib sich seinem Zugriff entzieht. Die Drogensucht ragt heute bis ins neunte Lebensjahr herein. Die Statistiken der Weltgesundheitsorganisation zeigen: Wenn die Entwicklung so weitergeht – eingeschlossen Schlaftablettenkonsum und Alkohol, nicht nur harte Drogen –, wird jeder zweite Mensch im Jahre 2100 in irgendeiner Form abhängig sein.

Ein weiteres Gebiet der Entfremdung vom Physischen ist die Sucht nach Sexualität. Hier ist Sexualität nicht mehr Ausdruck der liebevollen Beziehung zwischen Menschen, des höchsten Glücks, Geist und Körper in völliger Einheit zu erleben, sondern sie tritt sinnentfremdet auf als isoliertes Sich-selbst-Genießen und Sich-selbst-Erleben am anderen. Sie wird reduziert zur körperlichen Stimulation genußvoller Selbsterfahrung. Dadurch beschäftigt sich das Ich immer mehr mit sich selbst und identifiziert sich nicht mit dem, was durch die Leiberfahrung an Menschenerkenntnis vom anderen gewonnen werden kann. Es verfängt sich im Leib und entfremdet sich so der wahren Funktion dieses Leibes, Organ für die Wahrnehmung und Beherrschung von Selbst und Welt zu sein.

Ein drittes Gebiet ist die Oberflächlichkeit der Sinnesbeobachtung. Wie desinteressiert und oberflächlich betrachtend laufen wir durch die Welt! Selbst wenn wir uns Mühe geben, ist es so, daß die Zivilisation uns zwingt, viel mehr sehen zu müssen, als wir bewußt und verantwortlich begreifen und verarbeiten können. Man muß heute Beobachtungsübungen machen, um sich die Qualität der wirklichen Aufmerksamkeit zu erhalten und sie zu schulen. Durch diese Ich-Tätigkeit aber, durch liebevolle Beobachtung befestigen wir unser Ich im physischen Leib, wohingegen es durch Unaufmerksamkeit dem Leib entfremdet wird.

Ein weiterer Impuls aus unserer Zivilisation sind die Entfremdungstendenzen des Ich vom ätherischen Organismus[7]. Überall beobachten wir die Routine, die Sachzwänge, die ichlosen Gewohnheiten. Man tut etwas irgendwie, weil es sein muß. Man ist nicht mit der Geistesgegenwart des Ich wirklich eingeschaltet in den betreffenden Vorgang, auch Hetze und Streß beherrschen viele Abläufe. Dadurch verödet die ätherische Organisation, was derer Schwächung zur Folge hat.

Eine dritte Entfremdung – des Ich vom Astralischen – können wir überall da beobachten, wo wir Wünsche, Neigungen, Begierden, Sehnsüchte in uns haben, die keine wirkliche Aussicht auf Befriedigung haben. Wenn wir etwas wünschen, von dem wir ganz sicher sind, daß es sich nicht realisieren läßt, und wir dennoch diesen Wunsch nähren, so sind wir an der Geburt eines astralischen Dämons beteiligt, der sich dem Ich feindlich gegenüberstellt, der unseren Astralleib dem Ich entfremden möchte. Der Astralleib ist von sich aus eigensüchtig durch seine Verbindung mit dem physischen Leib. Wir können auch sagen, der Astralleib ist der Sucht- und Wunschleib, der sich dem Ich gegenüberstellt. Es gibt Wesen, insbesondere die luziferischen Wesen[8], die sich mit Vorliebe dieser egoistischen Wunschnatur bedienen und sie dem Ich entfremden wollen. Ichhaft ist ein Wunsch nur – das lernen wir durch die Schulung –, wenn wir wünschen, was im Einklang ist mit der Welt, mit dem inneren und äußeren Leben, und was nicht ein parasitäres Eigenleben führt im realitätsfernen Niemandsland der Wünsche – in Luzifers Gebiet.

Bedenken wir, was heute an Horrorvisionen, an Science-fiction in der ganzen Medienlandschaft geboten wird und welches Eigenleben diese bereits in den Seelen führen. Jeder weiß, es besitzt keine Realität, aber dennoch erzeugt es Spannung. Hinterher, wenn der Rausch abgeklungen ist, fühlt sich die Seele wie ausgehöhlt und wartet auf den nächsten Rausch, auf den nächsten faszinierenden Inhalt.

Es gibt kein «Nichts» auf dieser Welt – es gibt nur Wesen unterschiedlicher Wirkensweise. Erfüllen wir uns mit eigensüchtigen und unrealisierbaren Wünschen, verbinden wir uns mit luziferischen Wesen, die uns unserer Ich-Kraft berauben möchten, indem sie uns die Herrschaft über den Astralleib nehmen und sich selbst in unser Ich einschleichen wollen, indem sie dieses als «niederes Ich» durchdringen. Unsere gegenwärtige Zivilisation fördert dies, und unsere Konstitution läßt sich davon prägen. Wenn das Ich jedoch im Physischen, Ätherischen und Astralischen diesen Entfremdungsprozeß durchgemacht hat, dann erlebt es, wie es sich zuletzt selbst entfremdet. Diese Selbstentfremdung können wir daran erkennen, daß wir unsere Identität als Menschen heute verlieren. Identitätsverlust ist Entfremdung auf der Ich-Ebene. Überall wird heute davon gesprochen, daß man seine Identität neu bestimmen muß, neu suchen muß. Daran können wir die Mission des Bösen erkennen: uns zu wecken für die rechten Wege der Entwicklung – nicht aber ihm zu verfallen!

So ist auch diese vierfache Entfremdung nicht nur zur Bedrohung und zur Gefährdung des Ich da, sondern sie verhilft dem Ich gerade dazu, aufzuwachen für die Aufgabe: Ich muß aus eigener Kraft meine Identität neu suchen, indem ich die Entfremdungstendenzen überwinde und zu mir komme. Dann wird das Entfremdungserlebnis empfunden: die Weckung des Freiheitsbewußtseins durch das Erleben der Abirrungsmöglichkeiten.

So möchte ich aus diesem Freiheitsbewußtsein heraus ein wesentliches Motiv der Schulung als Therapie zur Überwindung dieser vierfachen Entfremdung darstellen.

In seinem Schulungsbuch «Wie erlangt man Erkenntnisse der höheren Welten?»[9] gibt Rudolf Steiner an verschiedenen Stellen Bedingungen an, allgemeine Regeln, die man während des ganzen Schulungsweges zu befolgen hat, die also für den Eingeweihten genauso zur ständigen inneren Arbeit gehören wie für den Anfänger auf dem Erkenntnispfad. Diese Bedingungen verbinden alle Menschen, die wirklich ernsthaft eine geistige Schulung betreiben.

Diese Begleitübungen haben nun genau die Qualität, daß sie das Ich systematisch befestigen helfen, und zwar in allen Wesensgliedern, und dadurch «dem Ich Stärke und Sicherheit» mit auf den Weg geben. Unabhängig von allen speziellen Übungen oder Meditationen, die gemacht werden, ist die Arbeit an diesen Bedingungen zugleich ein Sich-Befreien zu seinem wahren Wesen, seinem höheren Selbst, so daß es sich immer mehr als Kraftquelle durch das ganze Menschenwesen hindurch offenbaren und tätig mit der Welt verbinden kann.

Was Rudolf Steiner im Kapitel «Bedingungen zur Geheimschulung» beschreibt, kennzeichnet den systematischen Weg durch alle Wesensglieder hindurch zur Ich-Erkraftung.

Der physische Leib wird zum Instrument des Ich, wenn der Mensch die Bedingung einhält, auf seine körperliche und geistige Gesundheit zu achten. Eine Anleitung zum Gesundheitsegoismus? So könnte man meinen: Ich muß mich jetzt also pflegen, ich muß körperlich und seelisch auf mich achten... Es wird jedoch geschildert, wie wir das richtige Verhältnis zum Genuß finden lernen – und zur Pflicht. Körper und Seele sind in der täglichen Arbeit eingespannt, und es kommt vor, daß man oft der Pflicht zuliebe über seine Gesundheit hinwegsehen muß. Man verzichtet vielleicht auf eine Mahlzeit, oder man muß eine Nacht halb oder ganz durcharbeiten, damit es weitergehen kann. Das heißt, die Arbeit fordert von uns oft ein Nicht-Rücksicht-Nehmen auf die Gesundheit. Und was dann kränkend wirken kann, soll nun ausgeglichen werden durch das richtige Verhältnis zum Genuß. Das heißt, wir sollen lernen, intensiv zu genießen, aber so, daß dieser Genuß uns die Kraft gibt, in der Arbeit wieder besser durchzuhalten, daß wir lernen, nie den Genuß als Selbstzweck aufzusuchen – der dann Kraft kostet –, sondern das Genießen so zu lernen, daß es uns Kraft gibt und neue Motivation für die Pflicht.

Das tägliche Wachsein in der Gestaltung der äußeren Verhältnisse ist eine Übung. Selbstverständlich müssen wir daran arbeiten, die äußeren Verhältnisse so gesund wie möglich einzurichten und uns klarzumachen: Man darf genießen! Rudolf Steiner nennt es sogar als Bedingung! Die Seele braucht das Genießen-Können für ihre Gesundheit. Die Freude, der Genuß gehören als tragende Kräfte zum Leben. Das Problem ist nur, das Genießen so einzurichten, daß wir in dem Moment aufhören, wo wir auch beim Essen aufhören sollten: Wenn's am besten schmeckt, weil es einem dann, im Zenit des Genusses, noch die Arbeitsfähigkeit erhält für das, was nach dem Genuß als Tagespflichten zu erfüllen ist. Genießen wir über den Höhepunkt hinaus, so sind wir im Falle des Essens so satt, daß wir träge werden und nicht mehr richtig arbeiten können. Diese erste Bedingung ist praktisch also eine «Zenit-Übung»: den Höhepunkt des Genusses nicht zu verpassen, und dann – den Absprung zu nehmen zur Arbeit. Es gehört dazu, daß wir das Genießen wieder lernen und es nicht moralisch abwerten.

Wir sehen, das ist eine Arbeit, eine lebenslange Bedingung, an der man arbeiten kann und muß. Sie führt aber, auch wenn wir uns nur ganz wenig in dieser Richtung wirklich konsequent anstrengen, zu einer neuen Verbindung des Ich mit dem physischen Leib und den äußeren Lebensbedingungen.

Eine völlig andere Welt ist die Befestigung des Ich im ätherischen Leib, die Durch-Ichung der Ätherorganisation – in Form der zweiten Bedingung. Hier dürfen wir lernen, uns als ein Glied des Ganzen zu fühlen. Es ist wohltuend, einmal durchzuarbeiten, was in der Seele alles erlebt werden kann an Widerständen, die verhindern wollen, daß man sich als ein Glied des Ganzen fühlt. Rudolf Steiner gibt hier das Beispiel vom frechen Schüler. Wenn sich ein Schüler zum Beispiel an einem Tag total daneben benimmt, so kann ich mir aufgrund dieser Bedingung klar machen: Das hat nicht nur mit diesem Kind zu tun, sondern ich bin ein Teil von ihm, ein Teil des Ganzen, das hat auch etwas mit mir zu tun. Ist er vielleicht heute so bockig, weil ich gestern einen routinierten Unterricht gemacht habe? Ist er deswegen so über Nacht geworden, damit er mir heute morgen mal so richtig eine Auferwekkung bietet, daß ich merke: Ich muß mich irgendwie mehr anstrengen? Oder die Frage tritt auf: Wie komme ich an dieses Kind heran? Warum ist der innere Kontakt abgerissen? Muß es sich jetzt so auffällig benehmen, damit ich mich wieder mehr mit ihm befasse?

Die Aufgabe ist, einmal ganz selbstlos einzutauchen in alles, was mich umgibt und es so anzuschauen, als wäre es ein Stück von mir, als hätte es mir etwas zu sagen, mit mir etwas zu tun. Der ätherische Leib ist ja nicht nur die Summe unserer Lebens- und Gedankenkräfte, sondern auch unser Sozialleib; er ist die Organisation, die uns beziehungsfähig macht.

Die dritte Bedingung betrifft den astralischen Leib, wo sich das Ich befestigen soll. Es ist die Übung, systematisch an der Erkenntnis zu arbeiten, daß Denken, Fühlen und Wollen ebenso Realitäten sind wie äußere Handlungen. Jedes Gefühl ist ein Wesen, das von mir ausgeht und die Menschen, auf die sich dieses Gefühl richtet, unangenehm oder positiv berührt und beeinflußt. Jeder Gedanke, den ich über eine Sache, über einen Menschen denke, ist eine zarte ätherische Berührung, eine Förderung oder eine Beeinträchtigung des Lebensgefühls des anderen. Gedanken, Gefühle, Begehren, Willensstrebungen sind geistig-seelische Realitäten, für die wir Verantwortung tragen. «Befestigung des Ich im Astralischen» heißt, Verantwortung zu übernehmen für das, was im Astralleib vorgeht, und wenn eine Emotion auftritt, sich zu fragen: Will ich diese so lassen, oder muß ich sie verwandeln?

Als nächstes geht es um die Befestigung des Ich in sich selbst. Das Ich ist sehr empfindlich gegenüber Anerkennung oder Mißachtung. Es ist noch so keimhaft, so im Werden, daß es empfindlich ist wie eine junge Pflanze. Und jetzt sollen wir durch die vierte Bedingung lernen, unsere Identität immer unabhängiger werden zu lassen von der äußeren Anerkennung. Dieses Pflänzchen «Ich» soll sozusagen einen Schutz bekommen, ein Stärkungsmittel – ganz von innen –, daß es

Hitze und Kälte besser aushält und auch eine Trockenperiode überstehen kann. Der Sinn der eigenen Ich-Entwicklung liegt im Inneren, im Sinn, den ich mir und meiner Handlung gebe und der nicht abhängig ist von dem Sinn und der Bedeutung, die andere Menschen meinem Verhalten zumessen und nach denen sie mich beurteilen. Unabhängig zu werden von äußerer Beurteilung ist eine schwere Übung, denn selbstverständlich sind wir angewiesen auf Bejahung und Verneinung seitens der Umgebung und brauchen sie auch oft, um unser Tun situationsgerecht einzugliedern. Es darf jedoch keine Abhängigkeit davon entstehen.

Die fünfte bis siebte Bedingung reichen noch über das Ich hinaus in die Keimzustände künftiger Entwicklungen des Menschen hinein. Das Ich lernt, sich durch Pflege dort genannter Eigenschaften in seinem Geistselbst zu verankern, in den Anlagen seines Lebensgeistes, ja, sich als Geistesmensch zu ahnen, und es lernt, alle diese Bedingungen im Leben anzuwenden. Es wird deutlich: Das Ich soll für die Erdenaufgabe, für das tägliche Leben gerüstet werden. Deswegen werden wir am Schluß des Kapitels darauf hingewiesen, das Leben so aufzufassen, daß diese Bedingungen gerade im Leben selbst und durch das Leben Bewährung finden, das heißt, daß wir an diesen Bedingungen *im Leben* arbeiten und nicht meinen, wir müßten in die Einsamkeit, um bessere Menschen zu werden.

Die Frage nach dem Schulungsweg als einer therapeutischen Aufgabe ist zugleich die Frage nach der Erschließung der Ich-Kraft durch Schulung. Denn letztlich gibt es nur eine Quelle für das Heil, sowohl für uns als auch für die Menschen, die Hilfe brauchen, und das ist die Sonnenkraft des Ich mit seinem Licht und seiner Wärme und seiner Liebe, die wir durch diese persönliche Arbeit an uns zum Fließen bringen können und die zur unversieglichen Kraftquelle im Lebensalltag werden kann.

ANMERKUNGEN

1 Rudolf Steiner, Wie erlangt man Erkenntnisse der höheren Welten?, GA 10, 1982.
2 Vergl. Rudolf Steiner/Ita Wegman, Grundlegendes für eine Erweiterung der Heilkunst nach geisteswissenschaftlichen Erkenntnissen, GA 27, 1991; M. P. Van Deventer, Die anthroposophisch-medizinische Bewegung in den verschiedenen Etappen, Dornach 1992; Hans Müller-Wiedemann, Karl König, Stuttgart 1992; J. E. Zeylmans van Emmichoven, Wer war Ita Wegman, Bd. I-III, Heidelberg 1990, 1992.
3 Rudolf Steiner, Die Theosophie des Rosenkreuzers, GA 99, 1985; ders., Die Offenbarungen des Karma, GA 120, 1975; ders., Heilpädagogischer Kurs, GA 317, 1985.
4 Rudolf Steiner, Wiederverkörperung. Zur Idee von Reinkarnation und Karma, Stuttgart, 3. Aufl. 1992; Emil Bock, Wiederholte Erdenleben, Stuttgart 1981; Friedrich Husemann, Vom Bild und Sinn des Todes, Stuttgart, 3. Aufl. 1977.
5 Rudolf Steiner, Das Leben zwischen dem Tode und der neuen Geburt im Verhältnis zu den kosmischen Tatsachen, GA 141, 1983.
6 Rudolf Steiner, Die Weihnachtstagung zur Begründung der Allgemeinen Anthroposophischen Gesellschaft 1923/24, GA 260, 1985, Vortrag vom 1. Januar 1924.
7 Rudolf Steiner, Theosophie, GA 9, 1987.
8 Rudolf Steiner, Die Geheimwissenschaft im Umriß, GA 13, 1989.
9 Siehe Anm. 1.

II. Der Schulungsweg als therapeutische Aufgabe für die Gemeinschaft im Berufs- und Alltagsleben

In den vorchristlichen Jahrhunderten waren alle Berufe, die eine soziale Bedeutung hatten, wie Recht, Staatsverwaltung, Lehre, Forschung, Medizin, Kunst, auch Baukunst und Architektur - Mysterienberufe. Sie empfingen von den Tempelpriestern und Eingeweihten Lehre und Weisung für die Art der Berufsausübung. Das hat sich im öffentlichen Leben in der heutigen Zeit nur noch für den Priesterberuf erhalten, wenn auch in veränderter Form. Nur hier wird noch eine direkte horizontale Sukzession gepflegt, die in die Zeit des Urchristentums zurückreicht und unmittelbar anschließt an den Gnadenstrom, der durch Christus aus der geistigen Welt heraus zu fließen begann und über die Jünger in die Menschheit hinein sich fortsetzte und durch die Weihe von Hand zu Hand, von Haupt zu Haupt, von Mensch zu Mensch weitergegeben wird - ein horizontaler Strom der geistigen Nachfolge und Impulsierung.

Das ist die einzige Form, die sich, für das öffentliche Leben sichtbar, erhalten hat. Daneben gibt es auch verborgene esoterische Gemeinschaften, in denen - heute jedoch zumeist nur noch traditionell und nicht mehr auf eigenen Geistesoffenbarungen gründend - ein horizontal-sukzessives Fortbewahren der alten spirituellen Traditionen gepflegt wird. Dieses führt jedoch nicht zur Ausübung eines bestimmten, im öffentlichen Leben bemerkbaren Berufes. Vielmehr sind alle nichtkirchlichen, sozial bedeutsamen Berufe heute säkularisiert. Damit ist diesen Berufen aber im Grunde genommen zunächst die Möglichkeit entzogen, wirklich heilsam, sozial konstruktiv zu wirken.

Denn was braucht man, um heilsam, um sozial konstruktiv zu wirken? Man braucht die Fähigkeit, von sich selber absehen und auf das Wohl des anderen hinschauen zu können, sich auf den Heilbedarf der anderen einzustellen. Diese Fähigkeit, das selbstlose Dienen und Helfen, gerät jedoch heute immer mehr ins Zwielicht und ist Gegenstand herber Kritik.

Wenn wir beispielsweise in einem Kreis von Krankenschwestern sind, die sich über die neue berufliche Identität des Pflegeberufes beraten, dann hören wir wie ein höhnisches Schimpfwort genannt, was früher die höchste Tugend war: «allzeit bereit sein» für die Not des Kranken, für die Weisungen der Ärzte. Dem wird seitens der Pflegenden entgegengehalten: «Wir wehren uns gegen die Anspruchshaltung! Wir sind doch auch Menschen, wir brauchen auch etwas für uns, wir können nicht immer ‹allzeit bereit sein›, was sind das für Erwartungen!» So sind die Pflegenden daran, das Aufgabenfeld ihres Berufes von Grund auf neu zu überdenken.

Eine Antipathie ist da gegenüber diesem selbstlosen Dienen. Sie läßt sich sehr gut verstehen. Denn wenn es wie durch einen moralischen Imperativ gefordert wird, dann ist es nicht wirklich im Pflegenden, in seinem freien Willen begründet. In diesem Fall ist es aber auch nicht echt und damit auch nicht impulsierend und stärkend für das Berufsleben. Ja, es kann sich sogar in sein Gegenbild verkehren und kann in die Erschöpfung führen anstatt in die Erfüllung. So ist es verständlich, daß man sich zunächst einmal von diesen alten, noch aus den Mysterien kommenden Berufstraditionen, die sich zuletzt noch im kirchlichen Zusammenhang halten konnten, distanziert und sich sagt: Wir müssen die beruflichen Werte heute neu suchen, und wir müssen sie so suchen, daß wir unsere eigene Entwicklung, unser eigenes Werden, unser eigenes Ich dabei ganz mitnehmen können. Es geht nicht mehr, die persönliche Entwicklung auszuschalten und gleichsam auf die persönliche Existenz zu verzichten. Es ist das deutliche Bewußtsein vorhanden, daß die persönliche Existenz verbunden werden muß mit der geistigen Existenz, mit der beruflichen Existenz, mit den ideellen Werten. Damit ist aber auch zugleich der zentrale Wendepunkt zwischen den alten und neuen Mysterien markiert. In den alten Mysterien wurde das individuelle Ich nicht einbezogen in das Empfangen der höheren Weisungen, sondern vielmehr ausgeschaltet. Dadurch war zum Beispiel selbstloser Dienst im höheren Auftrag leichter zu bewerkstelligen als in einer Zeit wie heute, wo ein Mysterienwissen, ein Initiationsweg nötig sind, die auf das Ich Rücksicht nehmen und es einbeziehen. Dadurch stehen wir heute erst am Ausgangspunkt einer ganz neuen kulturellen Entwicklung. Es ist gleichsam das Initiationsmoment der Menschheit dem Wortsinne nach eingetreten. Initiation bedeutet Anfang. Das Menschen-Ich bestimmt selbst den Anfang seines neuen, selbst zu verantwortenden Entwicklungsweges. Die Zeit seiner Unmündigkeit ist vorbei.

Damit wird das Problem deutlich, vor dem die helfenden Berufe heute stehen: Um therapeutisch wirken zu können, brauchen wir Qualitäten, die *wirklich therapeutisch* sind. Diese können niemals egoistischer Natur sein. Das ist ein Widerspruch in sich. Denn heilsam ist, was der andere für seinen Heilbedarf braucht. Um das zu erkennen, muß der Therapeut von seinem eigenen Heilbedarf, der vielleicht ein ganz anderer ist, völlig absehen können, um nicht Gefahr zu laufen, seine eigenen Bedürfnisse in den anderen zu projizieren. Der Mysteriencharakter dieser Berufe muß auf neue Art wiedergefunden und erarbeitet werden, wenn die Arbeit für den Helfenden und die Betroffenen heilsam sein soll.

Rudolf Steiner war sich der damit verbundenen Schwierigkeiten wohl bewußt, als er die Ansatzpunkte für solch ein neues beruflich-esoterisches Wirken gab. Dennoch war es ihm möglich, uns im Sinne eines auf dem «Ich bin» aufbauenden christlichen Mysterienwesen die Richtung zu weisen. So hat er im «Heilpädagogischen Kurs»[1] im zwölften Vortrag deutlich ausgesprochen, daß der Schulungsweg, den man freiwillig und ganz persönlich beginnt, zugleich die Voraussetzung für den beruflichen Schulungsweg ist. Wenn das persönliche Ich einbezogen werden soll auf den Weg zum Empfangen höherer Einsicht und Offenbarung, dann muß es sich durch Schulung fähig machen, dieses auch auszuhalten. Ja mehr noch: Es muß die Offenbarungen des Geistes lieben lernen! Dies ist aber nur möglich, wenn die Eigenliebe so verwandelt wird, daß sie eins wird mit der Liebe zum anderen Menschen und zur Welt.

Es soll versucht werden, die Grundelemente des Schulungsweges, so wie ihn Rudolf Steiner für die Heilpädagogik gegeben hat, zu skizzieren und dabei aufzuzeigen, wie dieser Schulungsweg die persönliche Bereitschaft in bezug auf die eigene Schulung voraussetzt.

In Goethes Märchen «Von der grünen Schlange und der schönen Lilie» wird gezeigt, daß der Fluß, der die sinnliche Welt von der geistigen Welt trennt, durch ganz bestimmte Brücken übergehbar wird. Dabei erkennen wir als wesentlichstes Motiv, daß diese Brücke neu gebaut werden muß.

Was sind die Bausteine dieser Brücke? Was ist das für eine Brückenkraft, die die sinnliche und die geistige Welt immer verbindet – unabhängig vom Bewußtseinsgrad des Eingeweihten, unabhängig davon, ob die Erkenntniskräfte schon über diesen Strom hinüberdringen können? Das Märchen gibt darauf Antwort: Es ist nur die vierte Kraft, die das vermag. Nach Weisheit, Schönheit und Stärke, die auf Erden herrschen, ist es die Kraft der Liebe, die diese Brücke zu schlagen vermag. «Die Liebe herrscht nicht, aber sie bildet, und das ist mehr», so sagt es der Alte mit der Lampe zum Jüngling. Diese besondere Kraft ist *die* zentrale, stärkste menschliche Kraft überhaupt. Novalis, der ebenfalls eingeweiht war in das Geheimnis der Schwelle und des Schwellenübertritts (das heißt in das Geheimnis dieses Brückenbaus), hat es in seinen «Hymnen an die Nacht» so formuliert: «... aber was heilig durch der Liebe Berührung ward, rinnt aufgelöst in verborgenen Gängen auf das jenseitige Gebiet ...»[2] Alles, was wir mit wirklicher Liebe tun, wird in der geistigen Welt unmittelbar wahrgenommen. Es reicht hinüber. Und das ist der Trost, das ist gleichsam der Fels, auf den wir alles aufbauen können und dank dem wir immer unverzagt sein können, weil wir uns sagen: Auch wenn wir wenig wissen, wenig können, oft auch hilflos sind und uns unvollkommen fühlen, so bleibt uns doch die Liebe als das große Arbeits- und Übungsfeld. Aber es gilt auch: Selbst wenn wir alles wüßten, dürfte uns dieses Wissen nie so hochmütig machen, daß es die Liebe verdorren ließe. Denn dann wäre der Zugang zu den höheren Gebieten der geistigen Welt verschlossen. Wissenshochmut und Geltungsbedürfnis sind der auf Liebe gebauten Berufsesoterik feindlich.

Diese zwei Erzfeinde der Berufsesoterik für die helfenden Berufe hat Rudolf Steiner nicht nur den Heilpädagogen im «Heilpädagogischen Kurs» dargestellt, er hat sie auch den Waldorflehrern in Stuttgart vor Augen gehalten. Darüber gibt es eine schöne Anekdote, die ich hier so erzählen möchte, wie sie mir mündlich überliefert worden ist: Eines

Tages, als Rudolf Steiner wieder einmal in die Stuttgarter Waldorfschule kam, ging er die Treppe hinauf zum Lehrerzimmer. Auf der Treppe begrüßte er einen Kollegen und sagte: «Da unten vor dem Schultor sitzen zwei Damen. Die dürfen auf keinen Fall in die Schule hereinkommen.» Er ging dann weiter ins Lehrerzimmer. Der Kollege lief rasch hinunter und wollte diese Damen sehen. Als er vor das Schultor kam, saß da niemand. Da war er ein wenig betroffen und fragte einen anderen: «Haben hier nicht zwei Damen gesessen?» Die Frage wurde verneint. Selbstbewußt ging er wieder hinauf und sagte: «Herr Doktor, da unten sitzen keine Damen.» Da sagte Rudolf Steiner ganz liebevoll: «Doch! Da sitzen zwei Damen, schon seit ich diese Schule kenne. Sie dürfen nur nicht hereinkommen. Diese beiden Damen sind ‹Eitelkeit› und ‹Geltungssucht›.»

Das sind unsere beiden Hauptfeinde. Ein dritter bedeutender Feind des Handelns aus Liebe ist dann noch der «marode Alltagsmensch». Diesen erwähnte Rudolf Steiner auch in pädagogischen Vorträgen und im persönlichen Gespräch mit den Lehrern der Waldorfschule.[3] Der Lehrer soll ihn, bevor er zu den Kindern geht, draußen zusammen mit seinem Mantel vor dem Klassenzimmer aufhängen. Es ist derselbe Mensch, den auch der Priester, wenn er seine Gewänder anzieht, überdeckt und dadurch sichtbar macht: Jetzt wird mein maroder, heute so und morgen so gestimmter, persönlicher Mensch mit seinen zwar für mich berechtigten, aber für meinen Beruf unwesentlichen persönlichen Problemen gewandelt zum Träger einer beruflichen, sozialen Verantwortung, einer höheren Gerichtsbarkeit. Als Berufsangehöriger bin ich Schicksalsgenosse einer großen Gemeinschaft, die denselben Beruf hat. Ich gewinne eine neue Identität zu meiner persönlichen hinzu, nämlich die berufliche Identität. Sie ist etwas Soziales, weil ich diesen Beruf mit den anderen teile. Und dafür ziehe ich ein neues Gewand an. Das hat sich auch bei den Krankenschwestern, Pflegern und Ärzten erhalten, auch wenn manche heute dabei sind, den weißen Kittel auszuziehen. Es sind aber nicht nur hygienische Gesichtspunkte, die es sinnvoll erscheinen lassen, ein Schwesternkleid anzuziehen – es wird durch die Arbeit genauso schnell unhygienisch wie ein normales Kleid –, sondern es bringt etwas sichtbar zum Ausdruck: Ich bin im

Dienst. Man ist durch diese Dienstkleidung auch ein bißchen geschützt. Der persönliche Mensch spielt jetzt nicht mehr dieselbe Rolle. Er tritt zurück. Erst wenn man den Kittel wieder auszieht, ist man wieder der Alltagsmensch, so wie man eben ist.

Diese Dienstkleidung ist etwas, was wir bewußtseinsmäßig jeden Tag anlegen können, auch da, wo wir heute keine äußere Dienstkleidung mehr haben. In Wahrheit handelt es sich ohnehin um ein geistiges Gewand. Dieses bewußte Anlegen der Dienstkleidung als Form bestimmter seelisch-geistiger Eigenschaften, die wir für unseren Beruf brauchen, ist die wichtigste Bedingung für den berufsesoterischen Schulungsweg. Mit welchen Eigenschaften muß ich mich geistig bekleiden, wenn ich meinen Beruf wirklich hilfreich und sachdienlich ausüben möchte? Das ist die Ausgangsfrage jeder berufsgebundenen inneren Schulung.

Rudolf Steiner gibt den Ärzten ein Leitmotiv für ihren ärztlichen Weg, und etwas davon betrifft natürlich alle heilenden Berufe. Dieses Leitmotiv ist: «Das Gute tun wollen.» Wenn wir uns an das Neue Testament erinnern, wo der reiche Jüngling zu Christus kommt und sagt: «Guter Meister...» und Christus dies zurückweist und sagt: «Warum nennst du mich gut? Keiner ist gut außer dem einigen Gott.»[4], dann können wir ahnen, was mit dieser Kraft des Guten gemeint ist, und auch, was dieses Gute mit der Therapie zu tun hat: Es führt uns dieser Wille zum Guten in die Region des Vatergottes hinein. Hier ist der allumfassende Urgrund des Seins, aus dem das Sohnes- und Geistprinzip hervorgehen. In diese Vatersphäre des Allumfassenden gehört auch die Krankheit und ihr Sinn.

Im «Pastoral-Medizinischen Kurs» schildert Rudolf Steiner die Kulmination des ärztlichen und priesterlichen Weges und fügt schließlich beides zusammen im pastoral-medizinischen Mantram.[5] Dort wird uns gesagt, daß es der Vatergott selber ist, der die Krankheit schickt zum Ausgleich des Karmas.

So, wie der Vater den Sohn sendet zur Erfüllung des Schicksals der Menschheit, so sendet er die Krankheit zum Ausgleich des Karmas. Wenn wir also heilen wollen, so müssen wir – zumindest empfindungsmäßig – uns zurückversetzen in diese Zeit, in dieses menschheitsumspannende Bewußtsein, das das Böse zugelassen hat, das die Krankheit zugelassen hat, das aber auch das individuelle Schicksal ermöglicht hat, wodurch das Böse durch freie Menschentaten, durch Taten der Liebe wieder verwandelt und die Krankheit geheilt werden kann.

Wir müssen mit unserem guten Wollen an diese Vatersphäre anknüpfen und versuchen, in der Stimmung zu leben: «Nicht mein, sondern Dein Wille geschehe, Vater, denn Du weißt, was gut ist für die Menschheit, für den Ausgleich des Karmas.» So wundert es nicht, daß Rudolf Steiner im «Heilpädagogischen Kurs» die zentrale berufsspezifische Meditation für den Heilpädagogen an den Vatergott anknüpft und dazu bemerkt, man könne auch Gottesgeist sagen oder etwas anderes, weil er hier eben dieses ganz Ur-All-Vatergöttliche ansprechen möchte, das alles umfaßt und einschließt.[6]

In dieser Stimmung lebt die berufliche Esoterik des heilpädagogischen, aber auch des therapeutischen Tuns allgemein. Diese Stimmung, im Sinnstrom der vatergöttlichen Sendung zu sein, Schicksalsgenosse mit heilendem, ausgleichendem Auftrag zu sein, ist das Gewand, das wir uns geistig anziehen dürfen: die Liebe zum guten Wollen, die Liebe zum Vatergott. Von dieser Liebe kann dann unsere Liebe zum Beruf, zum kranken oder behinderten Menschen getragen sein. Diese Liebe trägt über den Strom. Sie kann die Brücke, die Verbindung schlagen, und sie kann die Grundlage abgeben für die dann folgenden, spezielleren Übungen.

Diese werden uns im «Heilpädagogischen Kurs» genannt, und sie führen zur Ausbildung der Fähigkeiten, die wir insbesondere in der Heilpädagogik und Sozialtherapie brauchen: Die erste Fähigkeit ist die der *Beweglichkeit*: ständig gewahr sein, daß etwas ganz Neues, ein völlig anderes Verhalten von uns gefordert sein kann, als wir dachten; wir müssen allseitig beweglich, offen, wahrnehmend, tastend, reagierend, suchend, wach, aufmerksam, seelisch elastisch sein.

Diese seelische Elastizität ist sozusagen die Generaltugend. Daß man in einem Moment Stühle stellt, im nächsten Moment gesammelt in der Opferfeier sitzt, den verschiedensten sozialen Situationen gerecht wird und Freude daran haben kann, daß die Dinge nicht immer so verlaufen, wie sie geplant waren – das ist die Übung. Anstatt einen Schwall von Vorwürfen und Schuldzuweisungen über seine Umgebung zu ergießen, was alles hätte gedacht oder gemacht werden sollen, damit die jetzt vorliegende Schwierigkeit hätte verhindert werden können, gilt es zu fragen: Wie werde ich mit dieser unerwarteten Situation jetzt fertig? Beweglichkeit ist das Zauberwort! Wir gewinnen durch diese Tugend eine ungeheure Kraftersparnis: Ein feines Lächeln erscheint im Gesicht, Beweglichkeit wird praktiziert, und sofort ist die Sache in eine neue sinnvolle Bahn gelenkt.

Daß wir in einer solchen Schilderung schmunzeln, zeigt an, daß die zweite Tugend, die zur Beweglichkeit direkt dazugehört, der Humor ist. Auch diesem widmet Rudolf Steiner im «Heilpädagogischen Kurs» ganz gewichtige Worte. Humor ist die kleine Schwester der Liebe. Es gibt keine Liebe ohne Humor, wenn auch der Humor die Liebe nicht ganz ersetzen kann. Diese kleine Schwester muß im beruflichen Leben eigentlich immer mitgenommen werden. Gerechterweise möchte ich sagen, daß es eigentlich ein kleiner Bruder ist, heißt es doch *die* Liebe und *der* Humor...

Dann haben wir neben diesen modernen, unkonventionellen Tugenden der Beweglichkeit und des Humors (die Platon noch nicht nannte) drei weitere klassische Tugenden. Durch sie fühlen wir sogleich die Sicherheit eines wohlbekannten moralischen Korsetts, das wir aus alter Zeit kennen. Es muß jedoch neu erfaßt und bewußt getragen werden. Da ist allen voran der Mut. Denn Mut brauchen wir, weil wir ja nie wissen, ob das, was wir jetzt mit bestem Willen aus der Beweglichkeit heraus tun, auch wirklich das Richtige ist. Zum einen brauchen wir Mut, um überhaupt etwas zu tun, und dann brauchen wir ihn, um auch zu unseren möglichen Fehlern stehen zu können. Wer zu seinen Fehlern stehen kann, der kann auch wirklich Großes wagen, weil er willens ist, das weiter zu bearbeiten oder zu verbessern, was aus Unkenntnis oder Unvermögen falsch gemacht wurde.

Es geht um den «Heiler-Mut», den Rudolf Steiner so zentral von den Ärzten fordert, um ein wirkliches «Über-die-Schwelle-Gehen», also die Bereitschaft, alles zu tun, nach bestem Wissen und Gewissen, ohne Rückversicherung, ganz beim Kranken zu sein: Das ist der Mut, der gefordert ist, und das ist auch die zentrale Willensqualität des Heilpädagogen. Dann kommt die Gemütsqualität, die «Andacht zum Kleinen», ja es heißt in unserem Kurs sogar «zum Klein*st*en».

Was ist diese Andacht für eine Qualität? Sie ist die Grundvoraussetzung für ein meditatives Leben. Andacht ist die Führerin der Bewußtseinsseele zum Erleben der geistigen Wirklichkeit. Die Bewußtseinsseele entwickelt sich durch das Erwachen am physischen Plan, an den kleinen Sinnesdingen, an den Alltäglichkeiten, an den Lebensrealitäten. Gelingt es nun, diese physischsten, kleinsten, äußersten Dinge im Licht des Geistes zu sehen, so führt die Bewußtseinsseele das Ich zum Erwachen im Geiste. Das heißt, wenn man den Sinnbezug auch zu dem Kleinsten in innerer Arbeit herstellen kann, so leuchtet der große Zusammenhang vor dem Bewußtsein auf, in dem auch das Kleinste seinen Platz und seine Bedeutung hat.

Die dritte Qualität erleben wir zwar stark zwischen Haupt und Herz, aber sie braucht unseren ganzen Verstand: Es ist die *Verantwortlichkeit* oder aber die Gewissenhaftigkeit. Diese Tugend, gewissenhaft, verantwortlich für den Betreuten, für den Lebenszusammenhang da zu sein, sich ein Gewissen daraus zu machen, sich mit den Dingen zu identifizieren und nicht zu sagen: «Das geht mich nichts an!», Mitverantwortung zu spüren – das ist die dritte «klassische» Tugend des Heilpädagogen.

Aus diesen fünf Berufseigenschaften – Beweglichkeit, Humor, Mut, Andacht, Verantwortlichkeit – besteht sozusagen unsere seelisch-geistige Dienstkleidung. Sind wir in dieser Weise angemessen bekleidet, so erhebt sich die Frage: Was ist jetzt aber die zentrale Übung für die Arbeit selbst, wenn wir, – so bekleidet –, in sie eintreten?

Da kommen wir zum zentralen pädagogischen Gesetz. Nach diesem Gesetz sollen wir arbeiten. Seine Berücksichtigung und Befolgung ist zugleich Kernstück unserer berufsesoterischen Bemühungen. Es ist die zentrale, therapeutische, Schicksal ausgleichende und damit heilende Gesetzmäßigkeit. Zunächst möchte ich diese Gesetzmäßigkeit für die Selbsterziehung, das heißt für die eigene Wesenheit schildern.

Was wir in unserem Ich erleben, hat seine unmittelbaren Auswirkungen auf unseren astralischen Leib, mit dessen Hilfe wir ja denkend, fühlend

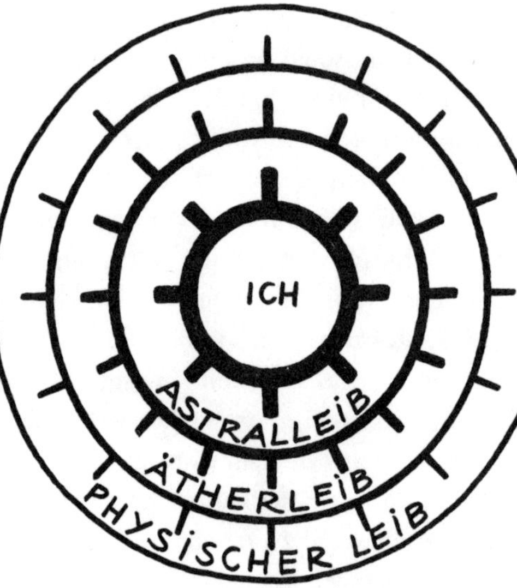

und wollend erleben. Wenn wir uns freuen, dann ist dieser astralische Leib freudig bewegt, erkraftet sich; wenn wir traurig sind, dann zieht er sich zusammen, ja, er kann wie gelähmt sein, erstarren.

Weltinteresse und Menscheninteresse aber sind die beiden zentralen Eigenschaften des Ich, durch die es sich der Welt und den Menschen verbindet. So ist auch Rudolf Steiners Forschungsergebnis nachvollziehbar, daß die Bildung eines gesunden Leibes die Folge von Weltinteresse ist und eine gesunde Seele die Folge von Interesse für andere Menschen. So sehen wir, wie letztlich unser Ich mit seinen Interessen über Gesundheit und Krankheit im umfassendsten Sinne entscheidet.

Stellen wir uns vor, wir haben in dieser Ich-Sphäre (siehe Zeichnung) ein charakteristisches Desinteresse an Mensch und Welt. Da zieht sich der Astralleib entsprechend zurück, wird steif, will nichts damit zu tun haben, stellt seine mitfühlende und denkende Regsamkeit ein. Das hat natürlich auch seine Auswirkungen auf den ätherischen Organismus. Er wird bezüglich bestimmter Funktionen vom Astralleib nicht genügend angeregt und impulsiert. Es fehlt ihm Spannkraft für seine regulierende Lebenstätigkeit. Da, wo das Interesse fehlt, gibt es eben nichts zu tun, auch für die Wesensglieder nicht. Und weil der Mensch als ein allumfassendes, weltoffenes, menschenliebendes Wesen konzipiert ist, gibt es viele Möglichkeiten, hier zu versagen, so daß dann auch bestimmte Bereiche des eigenen Wesens gleichsam unterversorgt bleiben.

Dasjenige aber, was nun im ätherischen Leib als Schwäche zurückbleibt, prägt sich dem physischen Leib ein, wenn es über längere Zeit gewirkt hat, und erscheint dort als Krankheit. Auf diesem Wege kann auch schon während eines Erdenlebens eine Interesselosigkeit zu Verdrängungen im seelischen Bereich führen, so daß sich nicht bewältigte, unverarbeitete seelisch-geistige Kränkungen langsam in die ätherisch-physische Konstitution einprägen und dann nach zehn, zwanzig oder dreißig Jahren zu körperlichen Krankheiten werden. Ja, Rudolf Steiner schildert die Waldorfpädagogik so, daß die Kinder bei richtiger Erziehung später nicht so leicht erkranken werden, weil sie umfassend interessiert sind und gelernt haben, seelisch zu verarbeiten. Die Waldorfpädagogik ist so gesehen reine Krankheitsprophylaxe für das spätere Leben. Im «Heilpädagogischen Kurs» wird dies durch die Schilderung der Tatsache ergänzt, daß die Ich-Tätigkeit nicht nur im Menschen selbst auf die Beschaffenheit des Astralleibes wirkt und so fort, sondern daß die Ich-Tätigkeit des Lehrers und seine Interessen auch den Astralleib der Schüler unmittelbar beeinflussen und entsprechend die anderen Wesensglieder auf das nächst niedere des Schülers wirken. So muß sich der Heilpädagoge bewußt machen, in wie hohem Maße er in allem, was er tut, für die Gesundheit seiner Zöglinge verantwortlich ist.

Eine zweite Dimension dieser Gesetzmäßigkeit findet sich in den Vorträgen «Die Theosophie des Rosenkreuzers»[7] dargestellt. Hier schildert Rudolf Steiner, wie diese Gesetzmäßigkeit nicht nur für ein Erdenleben gilt, sondern daß sich nach dieser Gesetzmäßigkeit auch die Auswirkungen eines Erdenlebens auf die Gesundheit im nächsten Erdenleben vollziehen.

Was sich im einen Leben im Ich an Interesse geregt hat, das wird die Vorbedingung für die ganz spezifische Konstitution des astralischen Leibes im darauffolgenden Erdenleben. Das heißt, wenn ich heute in meiner Seele im Denken, Fühlen und Wollen bestimmte Probleme bemerke, dann kann ich mich fragen: Wie muß wohl mein Ich im letzten Leben gewesen sein, daß es mir diesen Astralleib mitkonzipiert hat? Ich begegne dem Karma meiner letzten Inkarnation an meiner heutigen Seelenleiblichkeit, an meiner seelischen Grundgestimmtheit. Und wiederum, wenn ich meine Lebenszustände heute anschaue, meine Abwehrschwäche oder Abwehrstärke, meine Vitalität, mein Schlafbedürfnis, meine Verdauungsfähigkeit und so weiter, dann habe ich ein getreues Abbild des vorletzten Erdenlebens, hier und jetzt, in mir. So gesehen kann ich viel mehr wissen über meine früheren Leben, als ich vielleicht wissen möchte...

Das, was im letzten Leben seelisch nicht bewältigt wurde, tragen wir jetzt gleichsam als Mitgift des vorigen Lebens, als Rest, der weiter zu bearbeiten ist, im ätherischen Leib. Und was im ätherischen Leib nicht verarbeitet werden konnte, das tragen wir als sichtbare Krankheit an uns, im physischen Leib.

Nun geht es aber noch weiter. Das, was wir im physischen Leib in einem Erdenleben getan haben, durchlitten haben, erlebt haben, was sozusagen das ganz aktuelle Schicksal gewesen ist als physischer Mensch in einer physischen Welt, das kommt im darauffolgenden Erdenleben von außen wiederum als Schicksal auf uns zu. Aus meinem Schicksal, das heute auf mich zukommt, kann ich Aufschlüsse gewinnen darüber, wie im letzten Erdenleben mein physisches Verhalten in der Welt war. So, wie es im vierten Leben vom physischen Leib aus durch mich in der Welt gewirkt hat, so kommt es im fünften als Schicksalsantwort wieder auf mich zu. Wir sehen: Krankheit und Karma sind innigst verwoben. Der Vatergott schickt die Krankheit zum Ausgleich des Karmas, weil da, wo wir in immer unbewußteren Seelenschichten ätherisch, physisch anfangen zu leiden, da beginnt in diesem Leid bereits die Heilung, die Krankheitsüberwindung. Da, wo wir das Kränkende in unserem Schicksal bewußt auf uns nehmen lernen, können wir uns sagen: Das ist der Rest, das, was mich heute kränkt im Schicksal, woran ich leide, das ist der unbewältigte Krankheitsrest aus meinen früheren Erdenleben. Wer diesen Rest bewußt verwandeln lernt, kann den Umgang mit dem eigenen Schicksal auch zur Gesundungsquelle für den sozialen Schicksalsumkreis machen, wie es für die zweite Bedingung (vergl. Skizze) dargestellt wurde. Dieses pädagogische Gesetz ist das zentrale Gesetz für die Selbsterziehung auf allen Ebenen. Indem man an seinem Denken, Fühlen und Wollen arbeitet, geschieht die Reinigung des Astralischen. Indem man sich bemüht, Krankheitsneigungen entgegenzuwirken durch Pflege des ätherischen, geschieht eine Klärung der ätherischen Organisation. Und so ist es auch für die anderen Bereiche.

Als letzten Bereich erleben wir das Karma selber, das uns als soziale Hülle umgibt und uns betrifft als innere und äußere, als menschliche und weltliche Verhältnisse. Ob die Welt sich für uns interessiert, ob Menschen sich für uns interessieren, ist eben karmische Folge unseres Interessenstromes in den letzten vier Inkarnationen. Es ist nicht zufällig, ob wir Offenheit erleben oder Verschlossenheit. Es sind, wenn wir es recht verstehen, auch Stufen des Erwachens zu uns selbst, wenn wir nach diesem Gesetz vom Ich aus unsere Interessefähigkeit prüfen, die Seele betrachten, wie beweglich sie ist, wie aufnahmefähig, wie verarbeitungsbereit; dann den ätherischen Leib: wie tragend, wie geordnet, wie stützend, wie harmonisch; dann den physischen Leib in seinem täglichen Einsatz, und dann den Schicksalsumkreis im Sozialen.

Es sind dies die Hüllen des Ich, und sie werden zusammengehalten von diesem heiligen Mantel des Schicksals, der uns durch die Inkarnationen geleitet. Rudolf Steiner sagt uns, daß es der Christus selber ist, der der Herr all unseres Schicksals geworden ist. Die deutsche Sprache gibt dies wieder, indem sie in dem Worte ICH die Anfangsbuchstabens des Christus zusammenfaßt: Iesus CHristus. Die Wesenheit des Ich selbst ist seit dem Mysterium von Golgatha zum Herrn des Karma geworden. Seitdem das große Menschheits-Ich sich mit jedem einzelnen Menschen-Ich verbunden hat, kann jeder Mensch mit der Hilfe des Christus zum Herrn seines eigenen Schicksals werden. Jeder einzelne Mensch ist jetzt, insofern er sich als ein Ich erkennt, bewußt in diesem Menschheitsschicksal geborgen. Damit ist er fähig, nicht nur an seinem eigenen Schicksal, sondern auch am Menschheitsschicksal bewußt mitzugestalten und Mitverantwortung zu übernehmen. Er kann durch persönliche und soziale Schulung selber in das Karma ordnend eingreifen und sich mehr und mehr damit identifizieren, es als zu seinem Wesen gehörig erleben.

Dieses zu wissen, ist wichtigste Grundlage für alles pädagogische

Wirken. Denn wenn wir uns selbst nicht ordnen können, wie wollen wir es dann andere lehren? Es wäre ein Widerspruch in sich. Wenn wir es nicht auch selbst tun wollten, so hätten wir unseren Beruf verfehlt.

Wir haben also drei Wirkebenen dieses großen pädagogischen Gesetzes mit allen entsprechenden Konsequenzen für die Selbsterziehung. Die unterste Wirkebene betrifft uns selbst in konstitutioneller Hinsicht. Die folgende Ebene betrifft unseren karmischen Zusammenhang. Die nächste aber betrifft nun dieses geheimnisvolle, magische Wirken zwischen dem Lehrer und dem Schüler, aber auch das magische Wirken zwischen uns allen als Kollegen in einer Einrichtung. Dieses pädagogische Gesetz gilt nicht nur für den Lehrer und den Schüler. So, wie es für mich selbst ein ganzes Leben lang gilt, so, wie es durch die Inkarnationen hindurch gültig ist, so gilt es eben auch bis ins letzte für den Kontakt von Mensch zu Mensch. Wir erleben das schon an den einfachsten Beispielen. Ein Mensch grüßt uns nicht – äußerer Ausdruck von Desinteresse, ein Ich-Problem. Wo erleben wir es? In unserer Seele. Sofort wirkt sich die Folge dieses Desinteresses auf unsern Astralleib aus. Wenn diese Wirkung unverwandelt anhält und sich dort befestigt, der Mensch wirklich Antipathie gegen mich hat, mich deshalb nicht grüßt und ich das bemerke und daran leide und das Ganze sich durch Jahre hindurch ereignet – und ich nicht lerne, es zu verarbeiten, so wirkt sich das schließlich auch auf das Gewohnheitsleben meines ätherischen Leibes aus, und eines Tages werde ich krank. Es gibt viele Menschen, die sagen, der oder die haben mich krank gemacht; der Prozeß kann genau beschrieben werden. Also dieses pädagogische Gesetz ist das Gesetz zur Etablierung umfassender Menschenliebe – aber auch das Prinzip, nach dem die individuelle und soziale Gesundheit gefördert oder geschädigt werden kann.

Selbst wenn ich einen berechtigten Zorn auf einen anderen habe oder eine tiefe Antipathie, muß ich mich dennoch gemäß der zu erlernenden Tugend der Verantwortung und Gewissenhaftigkeit fragen: Will ich den Betreffenden deswegen schädigen? «Liebet eure Feinde; erweiset Wohltat denen, die euch hassen...»[8] Was sind das für Intentionen? Diese Evangelienworte mögen uns vielleicht zunächst als erdrükkende moralische Postulate erscheinen oder als das Gegenteil der «normalen» seelischen Reaktionsweise. Es sind jedoch genaugenommen die Lehren elementarster, uneigennütziger Menschenliebe, die Quelle heilenden Mitleids. Für den Therapeuten ist dies besonders naheliegend. Wird doch ein Arzt Freund und Feind gleich sorgfältig operieren. Da gibt es im Prinzip keine Unterschiede.

Wir sehen jedoch auch, wie es bisweilen nötig sein kann, persönliches und berufliches Leben streng zu trennen, sich zu sagen: Beruflich will ich das und kann ich das, aber für mein persönliches Leben muß ich mich trotzdem von bestimmten Dingen fernhalten, weil ich es noch nicht aushalte. Da kommt eine Tugend hinzu, die jetzt nicht berufsspezifisch ist, sondern allgemein esoterisch und für jede Schulung gilt: daß alle Esoterik mit der Ehrlichkeit steht und fällt. Die Ehrlichkeit gründet aber in der Ehrlichkeit mir selbst gegenüber. Viele Zustände, auch derjenige der Kraftlosigkeit, kommen daher, daß wir von uns selber Dinge fordern, die wir ehrlicherweise eigentlich nicht wollen oder können und dennoch tun. Auch haben viele soziale Probleme ihren Grund darin, daß wir von anderen etwas erwarten, was sie nicht geben oder sein können. Da hilft nur die ehrliche, realistische Selbst- und Welteinschätzung und das Bemühen, aus dem, was gegeben ist, das Beste zu machen.

Dieses pädagogische Gesetz, von Rudolf Steiner auch Hauptgesetz genannt, trägt unser persönliches und berufliches Leben. Selbsterziehung befruchtet Erziehung, Erziehung wirkt positiv zurück auf die Selbsterziehung, ist Ansporn für diese. Es wird aber auch durch diese Gesetzmäßigkeit das Geheimnis von Goethes «Märchen» offenbar. Denn dort sollen zwei Dinge miteinander verbunden werden, um die Brücke zur geistigen Welt in jedem Augenblick des Tages bauen zu können: daß nämlich die Tiefenkraft des Willens, des guten Willens – durch die Schlange verkörpert – sich opfert dem Licht der Erkenntnis, dem Licht des Geistes, wodurch diese Schlange durchsichtig werden kann wie ein Edelstein. Erdenwollen wird so geistdurchleuchtet, geistgetragen und damit zu heilsamem, Brücken bauendem Wirken – auch von Mensch zu Mensch.

ANMERKUNGEN

1 Rudolf Steiner, Heilpädagogischer Kurs, GA 317, 1985, Vortrag vom 7. Juli 1924.
2 Novalis, Hymnen an die Nacht, IV.
3 Rudolf Steiner, Konferenzen mit den Lehrern der Freien Waldorfschule 1919 bis 1924, Manuskriptdruck für die Lehrer der Waldorfschule; ders., Menschenerkenntnis und Unterrichtsgestaltung, GA 302, 1986; ders., Erziehungskunst. Seminarbesprechungen und Lehrplanvorträge, GA 295, 1984.
4 Markusevangelium, 10, 17–18.
5 Rudolf Steiner, Das Zusammenwirken von Ärzten und Seelsorgern. Pastoral-Medizinischer Kurs, GA 318, 1984.
6 Siehe Anm. 1.
7 Rudolf Steiner, Die Theosophie des Rosenkreuzers, GA 99, 1985.
8 Lukasevangelium, 6, 27–28.

III. Der Schulungsweg als therapeutische Aufgabe für den Zusammenhang des einzelnen mit der Menschheit

Die Frage nach der Schulung für uns selbst und für unsere berufliche Tätigkeit hat immer einen Doppelaspekt: einen Erkenntnisaspekt und einen Willensaspekt.

Wir verwandeln uns und die Welt dadurch, daß wir uns gemäß unseren Erkenntnissen selbst erziehen. Das Verwandelnde aber ist der Wille, unsere Tätigkeit. Dies gilt auch für den Bereich, den wir jetzt ansprechen wollen: die *menschheitliche Dimension* des Schulungsweges. Auch sie hat ihren Erkenntnis- und ihren Verwandlungsaspekt. Das Interesse für die Menschheit als Ganzes ist in unserem Jahrhundert erstmals in der Weltgeschichte für ungezählte Menschen Tatsache geworden. In früheren Jahrhunderten, selbst in den Zeiten der großen Eroberungen und Kolonialisierungen waren es immer nur bestimmte Teile der Welt, die in dem Bewußtsein der Menschen waren. Erst im zwanzigsten Jahrhundert – durch die Weltkriege einerseits, andererseits aber auch durch die Erfindung des Radios, des Fernsehens, des Telefons und Telefax – ist es möglich geworden, daß jeder einzelne Mensch, ganz unabhängig davon, wo er sich gerade auf dem Erdenrund befindet, ein globales Bewußtsein entwickeln kann.

Und das kommt der Neigung insbesondere der jüngeren Generation seit der Mitte dieses Jahrhunderts voll entgegen. Die Jugend – man kann das heute in jeder Schule sehen – leidet mit, wenn irgendwo auf der Welt etwas geschieht. Sie fühlt sich betroffen. Ich erinnere mich noch an meine eigene Schulzeit, als der Vietnamkrieg stattfand und es Tage gab, an denen ich keinen Appetit hatte – und anderen ging es ähnlich –, weil infolge der Kampfgaseinsätze dort das Laub von den Bäumen fiel. Die Vorstellung war grauenhaft, Vietnam war irgendwie so nahe wie die nächste Stadt. Es wurde auch auf den Straßen der eigenen Stadt für die Beendigung des Krieges in Vietnam demonstriert. Das ist heute «common sense» im wörtlichen Sinne – und dieses gemeinsame Bewußtsein ist eine wunderbare Eigenschaft der heutigen Menschen.

Eine zweite Qualität globaler Art, menschheitlicher Art, die heute in jedem jungen Menschen lebt, ist das feine Gespür für soziale Gerechtigkeit und Ungerechtigkeit. Eine tiefe Antipathie gegen autoritäre Machtstrukturen, gegen herrschaftliches Gebaren ist da. Die sogenannte Achtundsechzigerrevolution war dafür ein erstes, deutlich sprechendes Beispiel.

Eine dritte Qualität, die wir beobachten können, ist der Drang nach geistiger Unabhängigkeit. Es kommt vor, daß die Älteren sich wundern, warum die Jungen nur so zögerlich in die Anthroposophische Gesellschaft eintreten, obwohl das doch eigentlich das Normalste der Welt wäre... Man will alles selber und eigen und nicht zu früh und schon gar nicht dann sein, wenn einem das besonders nahegelegt wird.

In all dem spricht sich auch etwas aus wie ein umfassendes Toleranzprinzip. Eine geistige Eigenständigkeit wird gesucht – für sich und für den anderen – bis dahin, daß man sich empfindlich daran stößt, wenn nicht-anthroposophische geistige Richtungen von vornherein in Frage gestellt werden. Man möchte, daß jeder Mensch das Recht hat auf seine individuelle, geistige Wegsuche, ohne jede Normierung. Umfassende Toleranz im Religiösen und Geistigen, feines Empfinden für soziale Gerechtigkeit und ein Sich-brüderlich-verbunden-Fühlen mit der ganzen Menschheit tun sich als Bedürfnisse kund.

Vorausblickend hat Rudolf Steiner diese Qualitäten geschaut und auch den geistigen Zusammenhang deutlich gemacht, in dem sie stehen. Er führte aus, daß es der Engel des Menschen ist, in dessen Schoß das höhere Ich des Menschen ruht, der diese drei Ideale dem Astralleib der Menschen in unbewußten Willenstiefen als Entwicklungsmöglichkeiten einverwebt. Brüderlichkeit im menschheitlichen Zusammenhang, Religionsfreiheit für die Seele und die Möglichkeit, sich auf die individuelle, geistige Wegsuche zu begeben, das heißt, durch das Denken zum Geist zu gelangen.

Wir sehen die Wirksamkeit dieser unbewußten Imaginationen, dieser unbewußten Willensimpulse, wir sehen aber auch ihr Gegenbild. Denn diese selbe Jugend läuft Gefahr, wenn sie sich diese Impulse nicht stark genug zum Bewußtsein bringen kann, daß die Sehnsucht nach Toleranz sich in Gleichgültigkeit verkehrt, in einen totalen Relativismus, in völlige Unverbindlichkeit, wo nichts Sinnvolles mehr geschehen kann, wo sich kein Einsatz mehr zu lohnen scheint. Viele Jugendliche kommen dadurch in eine gewisse Verbitterung herein, daß die Verhältnisse, in denen sie leben, so wenig diesem Toleranzideal entsprechen. Überall stoßen sie heute noch auf Reste alter Machtstrukturen, sie erleben Haß anstatt Brüderlichkeit und auch das Aufschießen fundamentalistischer Tendenzen, die gerade die individuelle Freiheit wieder zunichte machen wollen. Eine tiefe Kulturantipathie, Ratlosigkeit, ja Bitterkeit lädt sich im bewußten Teil des Seelenlebens ab und macht sich lähmend im Alltag bemerkbar. Es sind wie die zwei Seiten ein und derselben Sache, das Positive und das Negative, und wir spüren deutlich, daß die negativen Aspekte vorherrschend werden, wenn nicht ein klarer Einschlag kommt, der es möglich macht, diese positiven Qualitäten wirklich ins Bewußtsein zu heben und zu nützen.

Dieser neue Einschlag, der für unsere Zeit kommen mußte, um dem Menschen die Möglichkeit zu geben, das, was instinktiv an guten Kräften in seinem Willen lebt, in das volle Licht des Bewußtseins heraufheben zu können, hat natürlich Vorbedingungen.

Ich möchte zunächst den Mysterienhintergrund schildern. So, wie wir sagen konnten, daß die alten Mysterien ihr Ende gefunden haben und daß eine Säkularisierung stattgefunden hat, so können wir auch sagen, daß ein neues Mysterienwesen dringend nötig ist, damit eine klare Orientierung in unsere chaotischen und immer schwieriger werdenden Verhältnisse hereinleuchten kann. Aber eines ist ganz deutlich: Es kann nicht mehr so werden wie in den alten Mysterien, wo einzelne als große Menschheitsführer hervorgetreten sind, weil dieses Einzelkönigtum heute in jedem einzelnen Menschen-Ich veranlagt ist. Jeder ist ein potentieller König! Jeder ist ein potentieller Herrscher, jeder kann ein Eingeweihter werden! Keiner möchte sich mehr einem anderen unterordnen. Das Ich ist durch den Einschlag des Christentums so stark und so individuell geworden, daß jetzt eine neue Kultur nur noch dadurch entstehen kann, daß Einzel-Iche in voller Freiheit sich zusammenschließen, um sich geistigen Zielen unterzuordnen, die sie sich selber suchen.

Nun muß aber die Möglichkeit gegeben sein, daß solche für unsere Zeit heilsamen, die Menschheit weiterführenden geistigen Perspektiven gefunden werden können. Es mag eingewendet werden: Wieso müssen diese Perspektiven gefunden werden? Steht das nicht alles schon in den Evangelien des Christentums? Selbstverständlich ist dort alles enthalten, was zur Erneuerung des Mysterienwesens führt, aber es klafft ein unendlicher Abgrund zwischen der Bildersprache der Evangelien und den materialistischen Denkgewohnheiten der heutigen Menschheit. Da gibt es zunächst keine Brücke. Diese Brücke muß erst gebaut werden. Das wissenschaftsorientierte materialistische Denken muß an die Offenbarungen des Christentums Anschluß finden und sie aufnehmen lernen. Dazu müssen aber diese Offenbarungen in eine solche Gedankenform gebracht werden, die sich dem Bewußtsein des heutigen Menschen erschließen kann. Goethe vermochte es, diese Aufgabe in seinem Märchen «Von der grünen Schlange und der schönen Lilie» in poetischen Bildern darzustellen. Des weiteren findet sich vieles, was in dieser Richtung hilfreich ist, in seinen naturwissenschaftlichen Schriften, insbesondere der «Farbenlehre». Aber dann war auch für ihn die Grenze gegeben. Den Einweihungsweg selbst, die zu dessen Verständnis notwendige Erkenntnistheorie als Schlußstein der Brücke, konnte er nicht schildern. Er bricht sein Fragment «Die Geheimnisse» ab. Es war noch nicht möglich.

Rudolf Steiner ist es dann gewesen, der sich vorbereiten konnte, als Eingeweihter unserer Epoche diese Arbeit zu vollenden und den neuen Einschlag zu bringen. Er hat sich dadurch vorbereitet, indem er sein Denken so erzog, daß es ihm möglich war, nicht nur die geistige Anschauung denkend zu erfassen, sondern auch die für uns heute zunächst geistlose «materialistische» Sinnesanschauung. Es gibt viele hellsichtige Menschen in unserem Jahrhundert. Was Rudolf Steiner jedoch von ihnen unterscheidet, ist seine Fähigkeit, von der angeborenen Hellsichtigkeit vollständig absehen zu können. Dies bedeutete für ihn eine enorme innere Arbeit, denn er war ja bereits hellsichtig geboren. Schon als Kind waren für ihn die Verstorbenen mitten unter den Lebenden, und er merkte sehr bald, daß es einerseits Dinge gibt, die die anderen Menschen nicht sehen und von denen er deswegen nicht sprechen darf, weil sie ihnen Angst machen, und daß es andererseits Dinge gibt, über die man sprechen darf, weil die anderen sie auch sehen.

Und nun war seine ganze Kindheit und Jugendzeit erfüllt von der Sehnsucht, diese beiden Bewußtseinszustände in kleinen Schritten zusammenzuführen, so daß jeder Mensch, wenn er nur will, diese Brücke selbst finden kann. Und als er in der Lebensmitte war, gelang es ihm erstmals, eine Pflanze, einen Stein, einen Menschen unter dem Einsatz höchster Konzentration so anzuschauen, daß die geistige Aura, die geistige Wirklichkeit für ihn verschwand und nur das sichtbar blieb, was andere Menschen gewöhnlicherweise sehen.

Dies war die Vorbedingung dafür, daß er dann in seiner Autobiographie «Mein Lebensgang» schreiben konnte, wie er in ernstester, heiligster Erkenntnisfeier vor dem Mysterium von Golgatha stand. Erst als er den Tod des Geistes vollständig selbst erlebt hatte und nur noch eingetaucht war in das materialistische, ganz an die Sinneswelt gekettete und gefesselte Menschenbewußtsein, da erlebte er den vollen inneren Durchbruch zu der Auferstehung aus diesem Grab des Materialismus, des Seelentodes, zur Anschauung der Christus-Wesenheit und des Ereignisses von Golgatha. Durch diese Erfahrung erst konnte er der große Christus-Eingeweihte werden, der große Christus-Künder für die heutige Zeit, der Künder des Menschheitsrepräsentanten.

Damit konnte er aber das Geheimnis Europas offenbar machen, die Aufgabe Europas für die Welt. Denn der europäische Raum ist es gewesen, der von unsichtbaren Mächten geschützt wurde, so daß sich hier seit der Zeitenwende in den nachchristlichen Jahrhunderten langsam durch die Völkerwanderungszüge hindurch erstmals ein geschichtlicher Raum bildete, wo die Christianisierung stattfinden konnte. Das Christentum drang in diesen neuen geschichtlichen Raum ein, zunächst als reiner Willens- und Gemütsinhalt – noch bis ins Mittelalter hinein nur in Bildern, in Worten, in Form von Gesängen, kultischen Riten, als Messe in lateinischer Sprache, wo man zwar nichts verstand, aber die Stimmung erlebte. In dieses Gemüts- und Willensleben senkte sich durch Jahrhunderte hindurch die Wahrheit des Christentums ein.

Im Mittelalter, im Spätmittelalter, in der ganzen Scholastik wird das Denken langsam fähig, sich an diese christlichen Wahrheiten mit voller

Kraft heranzubegeben und zu versuchen, diese christlichen Wahrheiten gedanklich zu verstehen. Das erwachende neuzeitliche Denkvermögen wurde zunächst an den christlichen Glaubensinhalten geschult. Später wurde es immer mehr nur noch an der Sinnesbeobachtung orientiert. In der Differenzierung in Nominalismus und Realismus beginnen sich zwei Denkrichtungen in der europäischen Entwicklung abzuzeichnen: ein kleiner Strom, der die Spiritualität, die Christus-Suche im Denken bewahrt, und ein großer, den größten Teil der Menschheit umfassender Strom, der die Spiritualität des Denkens gleichsam ganz auf die Erde fallen läßt und das Denken nur noch benützen will, um die äußeren Sinnestatsachen zu verstehen. Die materialistische Wissenschaft beginnt unaufhaltsam, Schritt für Schritt den Verstand der Menschen zu beherrschen.

Europa ist der Raum, in dem es den Menschen ermöglicht wurde, ein individuelles Erkenntnisleben zu entwickeln. Weder im Orient und in Asien noch im Westen, in der amerikanischen Kultur, oder im Süden, in der afrikanischen Kultur, findet man Anzeichen für ein materialistisches Bewußtsein und für eine individuelle Denkentwicklung. Das war ein rein europäisches menschheitsgeschichtliches Ereignis. Von Europa aus hat es seinen Siegeszug durch die Kontinente und Länder angetreten. Rudolf Steiner berichtet uns ein halbes Jahr vor der Weihnachtstagung in der «Imagination Europas»[1], wie es für die geistige Welt selbst eine Aufgabe bedeutet hat mitzuhelfen, daß dieser europäische Raum vor den spirituellen Einflüssen des Ostens und vor den magischen Einflüssen des Westens geschützt wurde, weil dieses zarte Pflänzchen Freiheit des Einzelbewußtseins sofort durch die spirituelle, magische Übermacht überwältigt und erdrückt worden wäre. Es ist ein Wunder, daß erst in der Goethe-Zeit die Öffnung zum Orient eintrat und somit die alten Weistümer in das Bewußtsein der europäischen Menschheit hereinkommen konnten.

In unserem Jahrhundert geht diese Zeit des Beschützt-Seins zu Ende. Durch die Weltkriege und den Wegfall vieler Grenzen ist dieser Raum nun geöffnet, und die orientalische und die westliche Spiritualität fluten nach Europa herein, mit aller Gefährdung der Freiheit des einzelnen, die damit verbunden ist. Jetzt steht jeder einzelne Mensch vor der

Aufgabe, vor der Rudolf Steiner ebenfalls gestanden hat: die Brücke zu finden vom materialistischen Bewußtsein, dem wir unsere Freiheit verdanken, hinüber zum Geistbewußtsein, ohne dabei die errungene Freiheit beim Gang über die Brücke zu verlieren, und ohne daß der Sinn der europäischen Entwicklung wieder zunichte gemacht wird.

So, wie von Europa aus der Materialismus sich über die ganze Welt verbreitet hat und damit der Freiheitsimpuls ein globaler geworden ist, so hat nun dieses Europa, wo alles zusammenflutet und sich mischt, die Aufgabe, dem einzelnen Menschen die Entwicklungsmöglichkeit zu geben, das Denken wieder als Brücke zu gestalten zwischen der konkret zu erforschenden sinnlichen Welt und den in klaren Gedanken rein zu erfassenden geistigen Gesetzmäßigkeiten und Wesenswelten. Das Denken aus seiner Verhaftung an die Sinneswelt durch diesen individuellen Akt wieder zu lösen und eine Spiritualisierung des Denkens in die Welt zu bringen, ist der neue, zukunftweisende Impuls. Das ist der therapeutische Auftrag des menschheitlichen Schulungsweges, der uns Europäern aufgegeben wird. Und ich möchte an dieser Stelle sagen: Europäer ist jeder, der diesen Impuls versteht. Das kann heute in jedem Land der Erde der Fall sein, wenn man weiß, wie diese Brücke zwischen dem Materiellen und dem Geistigen wirklich in Freiheit geschlagen und begangen werden kann. Die Möglichkeit, eine Brücke zu bauen, wurde zwar in Europa, in Mitteleuropa gefunden. Jetzt kann sie aber über die ganze Erde hin gebaut werden. Diesen Brückenschlag zu fördern und zu verwirklichen – das ist der geistige Auftrag Europas.

Europa ist der Kulturraum, wo die Vorbedingungen dafür geschaffen waren, so daß ein Mensch – Rudolf Steiner – zunächst stellvertretend für alle, diesen Auftrag erfüllt hat. Nun, da es einmal gelungen ist, kann es jeder lernen. Unser Auftrag ist es, diese Botschaft zu verstehen und sie in die ganze Welt zu bringen.

In den alten Mysterien stiegen geistige Wesen zu den Menschen hernieder und belehrten die Eingeweihten. Die Mysterienstätten waren auf der Erde sichtbare Tempel, und dort fand dieses Heruntersteigen und Inkorporieren der geistigen Wesen statt. Die neuen, christlichen Mysterien, die mit der vollen Freiheit des einzelnen Menschen rechnen, können nicht in dieser Weise auf der Erde Orte strahlender Geistoffenbarung sein. Dies wäre mit der Freiheit des einzelnen unvereinbar. Er stünde im Bann dieser Offenbarung und müßte sie annehmen. Man wäre geblendet, selbstvergessen und fasziniert. Dies wäre nicht mehr zeitgemäß. Diese Mysterienkultur ist endgültig vorbei.

Wie aber muß ein Mysterienwesen aussehen, das denselben Auftrag erfüllt wie die alten Mysterien, jetzt aber unter Berücksichtigung der Freiheit des einzelnen Menschen?[2] Dabei ist es entscheidend, daß die Tempel fortan in der übersinnlichen Welt sind. So wird es uns ja schon im Mittelalter vom Gralstempel berichtet. Wenn man die geographischen Angaben bei Wolfram von Eschenbach liest, entdeckt man: Diese Gralsburg ist nicht in der sichtbaren Welt, auch wenn es immer wieder Gralsburgen, Gralskirchen als Abbilder dieses übersinnlichen Tempels, von Menschenhand gebaut, auf der Erde gegeben hat und noch gibt. Auch Richard Wagner läßt Lohengrin sagen: «In fernem Land, unnahbar euren Schritten, liegt eine Burg, die Monsalvat genannt.»

Rudolf Steiner, dem großen Christus-Eingeweihten, ist es durch seine Schulung gelungen, diesen übersinnlichen Tempel der Menschheit, diesen Tempel der neuen Mysterien für unsere Zeit nicht nur zu ahnen wie Goethe, sondern ihn voll zu schauen und zu betreten; und noch mehr: diesen Tempel für unser Denken, für unser Fühlen und für unser Wollen sichtbar werden zu lassen.

Wie aber ist es nun mit der Freiheit in den neuen Mysterien? Die neuen Mysterien sind nicht so wie die alten Weisheitsmysterien, wo der Mensch abhängig war von seinem Lehrer. Heute ist die Weisheit der alten Mysterien weitgehend Allgemeingut geworden. Auch die anthroposophische Geisteswissenschaft, die großen Weisheiten östlicher und westlicher Kulturen sind jedermann zugänglich. Jeder hat die Möglichkeit, ein Lehrer zu werden und beim Lernen von anderen seine Freiheit zu wahren. Rudolf Steiner verlangte von seinen Schülern, daß sie nicht glauben sollten, was er sagt, sondern es denken und so lernen, selbständig damit umzugehen. Die neuen Mysterien sind in dem Sinn keine Mysterien mehr, daß hier «neue Weisheiten» geheimgehalten werden. Es sind Mysterien des Willens. In unserem Willen schlafen wir. Wir wissen nicht, was alles in unseren Willenstiefen ruht, in unseren Begierden und Neigungen. Wir wissen nur dasjenige davon, was in aktuellen

Lebenssituationen, in Menschenbegegnungen, in Schicksalsereignissen plötzlich erwacht als Bedürfnis, als Anliegen, als Streben. Und dann fühlen wir uns frei, plötzlich etwas zu wollen. Wir überlegen selbständig: Wie kann ich das tun? Wie ist das zu vereinbaren mit allem, was ich früher getan habe? Und dann stellen wir unser Denken in den Dienst dieser Willensimpulse, die da erwacht sind. Das Erwachen des Willens ist voll vereinbar mit der menschlichen Freiheit. Alles kann geprüft werden durch das individuelle Denken, mit dem Fühlen durchfühlt werden, bevor man seinem Willen folgt. Selbstbeherrschung nennen wir es, wenn wir nur tun, was wir auch wirklich wollen, was wir selber als richtig erkannt haben.

Dieses neue Mysteriengeheimnis ist nun so, daß wir alle vor der Geburt selber in dem Tempel in der geistigen Welt waren, daß wir dort Mysterienschüler waren des Zeitgeistes Michael und seiner Scharen, daß wir uns in der Michaelschule, in diesem geistigen Tempelbau getroffen haben und tief aufgenommen haben in unsere heiligsten Willensentschlüsse, was wir für die Ziele dieses Menschheitstempels im Dienste der Christus-Wesenheit auf der Erde tun wollen. Dieser vorgeburtliche Entschluß, diese vorgeburtliche Einweihung unseres Willens ist aber nur in unserem Willen vorhanden, und dieser schläft zunächst. Die Arbeit auf der Erde ist es nun, mit Hilfe der Gedanken der Anthroposophie, die die geistige Welt begreifen können, an diese Willensentschlüsse heranzukommen, diesen Willen zu erwecken, die Schlange aufzurichten, sie durchsichtig zu machen, mit dem Denken zu durchstrahlen, mit dem Gold der Weisheit zu durchleuchten, und aus diesem Zusammenwirken von Denken und Wollen zu Gemeinschaftsbildungen zu kommen, die tragfähig sind für die großen Menschheitsaufgaben und -ziele der heutigen Zeit.

Rudolf Steiner hat dafür die gemeinschaftsbildenden Formen in der Anthroposophischen Gesellschaft und in der Hochschule gestiftet. Diese Gemeinschaftsbildung war von vornherein so gedacht, daß sich hier freie Menschengeister, unabhängig von Religion, Rasse und Nation, unabhängig von Sprache oder sonstigen Zugehörigkeiten, aus der ganzen Welt zusammenfinden können, um sich auf ihre Aufgabe für die Menschheit zu besinnen.

Der Grundsteinspruch[3] ist das geistig Verbindende, auf dem alles gründet, was wir tun in der Anthroposophischen Gesellschaft, der sich an die Kräfte der Menschenseele wendet, so wie diese Menschenseele auf der ganzen Welt in jedem einzelnen Menschen lebt, im Haupt, im Herzen, in den Gliedern, und der die Menschenseele hinorientiert auf die Christus-Wesenheit als dem Mittelpunktswesen der Menschheit. Es ist eine Christus-Sucher-Menschengemeinschaft mit einer menschheitlichen Erkenntnis- und Willensaufgabe, die mit der Anthroposophischen Gesellschaft gestiftet ist.

Die Anthroposophische Gesellschaft ist nicht nur eine Gesinnungsgemeinschaft, sondern eine Menschheitsgemeinschaft. Sie bildet sich aus Einzelmitgliedern, die sich zu Gruppen zusammenschließen. Hier, in der selbstgewählten oder gebildeten Arbeitsgruppe mag der eine dem anderen noch recht ähnlich sein. Aber der Repräsentant dieser Gruppe, der Zweigleiter, wird sich dann mit den Repräsentanten anderer Gruppen, die bereits sehr anders arbeiten können, brüderlich verständigen. Dann treffen sich diese als Zweig- und Gruppenverantwortliche und benennen einen Regionalvertreter, der sich wiederum mit anderen Regional- oder Landesvertretern trifft. Schließlich kommen die Repräsentanten der Länder zusammen, die ihrerseits wiederum ihre Regionsvertreter repräsentieren. Der Bau einer Menschengemeinschaft taucht so vor uns auf, wo in jeder Einzelseele die Gemeinschaft lebt, und da es freie Geister sind, die sich zusammengeschlossen haben, hat es keiner nötig, sich selbst zu verwirklichen als Repräsentant, sondern die Menschen der Gruppe zu repräsentieren und sich zum Anwalt dessen zu machen, was dort lebt. Er weiß in etwa, was die Mitglieder denken oder sagen würden in einer bestimmten Situation und bemüht sich, diese Impulse zu vertreten.

Schließlich findet diese soziale Baustruktur der Anthroposophischen Gesellschaft einen Zusammenschluß im Kreise des Vorstandes am Goetheanum, der zusammen mit den Ländervertretern Menschheitsangelegenheiten berät und sich bemüht, einen hilfreichen Beitrag im Dienst an der ganzen Menschheit zu leisten. Es ist wichtig zu erarbeiten, was die Menschen in den verschiedenen Ländern beitragen können nicht nur für die Kultur ihres eigenen Landes, sondern zum Heil der ganzen Menschheitsgemeinschaft. Dies kann nur gelingen, wenn sich die Arbeit am Menschheitsziel orientiert, und nicht an nationalen Eigenbröteleien. Eine grandiose soziale Bauaufgabe ist uns da gegeben.

Und in diese Gesellschaft hinein gründet Rudolf Steiner an der Weihnachtstagung die Freie Hochschule für Geisteswissenschaft. Dazu macht er folgende Zeichnung[4]:

Er schreibt abgekürzt «Allgemeine Anthroposophische Gesellschaft» an die Tafel, dann darüber «Einrichtung der Ersten Klasse der Freien Hochschule für Geisteswissenschaft», darüber «Einrichtung der Zweiten Klasse», darüber «Einrichtung der Dritten Klasse». Diese Hochschule ist nun durch die Tat Rudolf Steiners die bis in den Bereich des menschlichen Denkens heruntergeholte, übersinnliche Michaelschule, die nicht in die physische Welt eintreten kann, weil die Michaelwesenheit nur bis in die ätherische, bis in die Gedankenwelt dem Menschen nahekommen kann. Hier aber wächst ihr von unten, aus der spirituellen Tradition des Mittelalters und des esoterischen Christentums die Rosenkreuzerschule entgegen und durchdringt sich mit ihr in der ätherischen Welt, in der Gedankensphäre. So verbinden sich in der Ersten Klasse die Rosenkreuzerschule, von der Erde kommend, und die Michaelschule, aus der geistigen Welt kommend. Und damit ist für jeden Menschen die Möglichkeit gegeben, sich unmittelbar wieder in den Wirkzusammenhang, in den Offenbarungszusammenhang der geistigen Welt zu stellen. Die Sektionen zeichnet Rudolf Steiner in dieses Bild so ein, daß er sagt: «Die greifen von oben nach unten durch.»

In «Wie erlangt man Erkenntnisse der höheren Welten?» finden wir den Weg zum Erkenntnistempel geschildert. In den Mysteriendramen finden wir den Weg zum Schicksals-Liebes-Tempel geschildert. In der Hochschule, in der Ersten Klasse, finden wir den Weg zur Verwirklichung der erkannten und gefühlten geistigen Impulse in der täglichen Lebenswirklichkeit geschildert. Es ist der soziale Tempel, der Lebenstempel, der Tempel, der dann schließlich im Sinne Goethes «am Flusse steht» und von wo aus sich die Brücke über den Strom wölbt für alle Menschen.

Rudolf Steiner hat uns den unbewußten Schwellenübergang der Menschheit in unserem Jahrhundert bewußtgemacht. Er hat dasjenige bewußtgemacht, was in unserem Willen schläft, und hat es für die Alltagswelt, für unser tägliches Denken und Handeln heraufgehoben, daß wir bewußt lernen können, Ziele von jenseits der Schwelle, geistige Impulse, im täglichen Leben aller Berufe zu verwirklichen.

Ich möchte diese Betrachtungen mit Worten schließen, die Rudolf Steiner immer wieder in esoterischen Stunden gesprochen hat und die er zuletzt auch einmal in einer besonderen Form im Jahre 1921 in Norwegen in sein Notizbuch schrieb.

Die Worte richten sich an die großen Meister, an die großen Lehrer der Menschheit in der Vergangenheit, in der Gegenwart und in der Zukunft. Diese Worte fassen diese menschheitliche Gesinnung, diese Liebe zur Menschheit und zu dem inneren Bauwillen an einem Menschheitsbau, der wirklich Menschliches tragen und verwirklichen kann, zusammen. Rudolf Steiner stellt diesen Worten ein Motto voran:

«Der Weltenbau muß werden
Aus Menschen muß er erbaut werden»

Dann heißt es:

«Meister der Vorzeit:
In schaudernder Ehrfurcht
Erblickt mein Geistesauge
Eure lichte Weisheit
In Eure Regionen strebe
Mein Seelensinn
Mit Euch zu bauen an dem Menschen-Welten-Bau.

Meister der Gegenwart:
In williger Andacht
Erhöre mein Seelenohr
Euer schaffend Weltenwort
Daß nicht ewiglich verloren
Der Mensch dem Weltenziele
Und Lucifer verfallen müsse.

Meister der Zukunft:
Im lieberfüllten Wollen
Verbind ich Eigen-Ich
Mit eurem Welten-Wollen
Es soll vereinen sich
Des Menschen Willenskraft
mit krafterzeugendem *Weltenwort.*

Im lieberfüllten Wollen
Verbinde sich das Eigen-Ich
Mit Eurem Weltenwollen
In ihm nur darf es hoffen
Von Ahrimans Selenkälte
Verschont sich selbst zu finden.»[5]

ANMERKUNGEN

1 Rudolf Steiner, Drei Perspektiven der Anthroposophie, GA 225, 1990, Vortrag vom 15. Juli 1923.
2 Rudolf Steiner, Der Tod als Lebenswandlung, GA 182, 1986.
3 Rudolf Steiner, Die Weihnachtstagung zur Begründung der Allgemeinen Anthroposophischen Gesellschaft 1923/1924, GA 260, 1985.
4 Ebenda, Beilage 4, Tafel VIII.
5 Rudolf Grosse, Die Weihnachtstagung als Zeitenwende, Dornach, 3. Aufl. 1981; F. W. Zeylmans van Emmichoven, Der Grundstein, Stuttgart, 6. Aufl. 1990; Rudolf Steiner, Die Konstitution der Allgemeinen Anthroposophischen Gesellschaft und der Freien Hochschule für Geisteswissenschaft. Der Wiederaufbau des Goetheanum, GA 260a, 1987. Der Spruch ist aus: Rudolf Steiner, Zur Geschichte und aus den Inhalten der erkenntniskultischen Abteilung der Esoterischen Schule von 1904 bis 1914, GA 265, 1987.

Manfred Schmidt-Brabant

Sakramentalismus der heilpädagogischen Arbeit

Dieser Abschlußbeitrag zum Thema dieses Buches kommt gleichsam von der Sektion für Sozialwissenschaft. Wir verstehen an der Freien Hochschule für Geisteswissenschaft am Goetheanum unter Sozialwissenschaft doch etwas anderes, als es sonst in der Welt üblich ist. Gewiß befassen wir uns auch mit der äußeren Seite der sozialen Probleme, mit der Frage nach den Aufgaben und Zielen der menschlichen Gesellschaft, nach den Formen und Methoden, mit denen die menschliche Gesellschaft diese Ziele zu verfolgen hat, und mit den Problemen und Krisen, die sich bei Verfolgung dieser Ziele ergeben. Das alles hat bereits außerordentlich wichtige spirituelle Aspekte. Dann aber gibt es eine ganz andere Seite des Sozialen; sie wurde von Rudolf Steiner immer wieder das Religiös-Soziale genannt. Auch wandelte er die bekannte Gliederung von Wissenschaft, Kunst und *Religion* sehr oft in Wissenschaft, Kunst und *soziales Leben* ab. Immer wieder taucht bei ihm die Aussage auf, daß das soziale Leben nur dann weiterkomme, wenn es sich als eine Opferweihehandlung verstehe. So versucht von einem gewissen Verständnis her das soziale Leben, und damit auch die Sektion für Sozialwissenschaft, in die religiösen Tiefen der Menschheit zu dringen. Damit ist ein tiefer und inniger Bezug zu dem gegeben, was man ganz allgemein die Heilpädagogik nennen kann, eingeschlossen die Sozialtherapie.

Es beginnt damit, daß man allen Ernstes – nicht nur im Scherz, wie es manchmal geschieht – sagen muß: Alle Menschen sind heute seelenpflegebedürftig. Es zeigt sich immer mehr, daß die menschliche Gesellschaft über die Erde hin mit ihren mannigfaltigen Problemen nicht weiterkommen wird, wenn sie diesen Aspekt nicht durchschaut. Worin besteht denn die Behinderung der Menschheit? Geht man dieser Frage nach, wird man immer wieder zu etwas hingeführt, was sich zunächst wie eine Formel anhört: Es ist der die Menschheit durchsetzende, agnostische Materialismus. Nur muß man ein solches Wort und eine solche Bezeichnung tiefer greifend verstehen, als es gewöhnlich der Fall ist. Der Agnostizismus, das heißt die Überzeugung, daß der Mensch nichts erkennen kann, ist ja eigentlich erst aus dem vorigen Jahrhundert hervorgegangen. Es war der große Naturforscher Du Bois Reymond[1], der die Formel prägte: Blicken wir in die Außenwelt: ignorabimus – wir werden nie wissen, was vor sich geht. Blicken wir in die Innenwelt der Seele: ignorabimus – wir werden nie wissen, was dort vor sich geht. Dieses «Ignorabimus», die tiefe Überzeugung, daß der Mensch die Wahrheit doch nicht erkennen könne, geht ja durch alle Bereiche des Lebens. Wir finden diese Ansicht auch bei den Menschen, die vom Fühlen her ein gläubiges Verhältnis zur Welt und zur Gottheit haben. Es ist geradezu ein Dogma, daß der Mensch an den Geist *glauben* soll, weil er ihn nicht erkennen kann. Wenn wir vom Materialismus sprechen, dann meinen wir damit, daß die Menschen alles in der Welt so verstehen wollen, wie sie die Materie verstehen, sie wollen sich alles so vorstellen, wie sie sich die räumlich-materielle Welt vorstellen. Man kann dann auf die Fülle sogenannter spiritueller Bewegungen und Strömungen schauen und feststellen: Es ist nur verdünnter Materialismus, der dort zum großen Teil gepflegt wird. So ist dieser agnostische Materialismus etwas, was die Seelen in vielen, vielen Bereichen durchfrißt und zerstört. Aus ihm geht jene große, allgemeine Ohnmacht hervor, die die Menschen befallen hat, die Ohnmacht, irgend etwas wirklich lichtvoll erkennend zu durchdringen, die Ohnmacht, sinnvoll, zweckgerichtet zu handeln, und vor allen Dingen die Ohnmacht, adäquat mitleidend mit dem anderen Menschen zu fühlen. Jeder Blick in jede Tageszeitung zeigt diese dreifache Ohnmacht über die Erde hin ausgebreitet. Aus alledem geht ein immer tiefer und tiefer sich eingrabender Verlust jeder Menschlichkeit hervor. Versteht man so die gegenwärtige Situation des Menschen als tief seelenpflegebedürftig, so kann man sagen: Die ganze Menschheit braucht eine Heilpädagogik.

Wir haben schon früher die Frage gestellt: Könnte die anthroposophische Heilpädagogik nicht in dieser allgemeinen Menschheitssituation etwas wie ein Katalysator helfender Kräfte sein? Kann nicht von den Orten, wo eine wirkliche, aus Menschenverständnis und Menschenliebe hervorgehende Heilpädagogik gepflegt wird, etwas ausstrahlen in die Menschheit? Wir lernen schon auf den ersten Schritten des anthroposophischen Schulungsweges, daß Gedanken und Gefühle reale Kräfte in der Welt sind, daß ein guter, helfender Gedanke genauso in die Welt hinauswirkt wie eine gute, helfende Tat.

Aber das ist nur die eine Seite, auf die man fragend blickt, daß solche Tätigkeiten wie eine höhere Naturkraft in die Äther- und Astralwelt der Menschheit hineinstrahlen. Eine viel weitergehende Frage ist die, wie denn die geistigen Wesenheiten der Welt zu diesem Tun stehen. Da taucht die erstaunliche und zunächst den Menschen tief beeindrukkende Tatsache auf, daß geistige Wesenheiten auf das angewiesen sind, was sie am Tun der Menschen erfahren und erleben. Hinter all dem, was in der Welt geschieht, stehen geistige Wesenheiten, gute Wesenheiten, aber auch böse Wesenheiten. Das beeinträchtigt die Freiheit der Menschen nicht, und doch hängt vom Verhalten dieser Wesen ab, wohin sich die Menschheitsentwicklung bewegt. Gerade diejenigen Wesen, die, mit uns verbunden, eigentlich helfende Kräfte dem Menschen zufließen lassen wollen, sind darauf angewiesen, daß sie zunächst am menschlichen Tun bestimmte Dinge erfahren und erleben . Das ist nun gerade im heilpädagogischen Bereich der Fall. Um jede heilpädagogische Einrichtung herum lagern sich geistige Wesen, um bestimmte Dinge zu erfahren, die sie brauchen, um der ganzen Menschheit zu helfen. Um das zu verstehen, schauen wir nun die andere Seite des Sozialen an, die religiöse. Was wir den allgemein philosophisch-soziologischen, den agnostischen Materialismus genannt haben, das nennt Rudolf Steiner in der religiösen Formulierung die «Sündenkrankheit der Menschheit». Als die größte Sünde des Menschen bezeichnet er immer wieder die, daß er nicht in das Erkennen der Welt eintreten will. Er will sich der Welterfahrung und der Welterkenntnis nicht bemächtigen, die ihm eigentlich von den Göttern zugedacht sind. Das ist, wie die Alten sagten, die furchtbare Sünde gegen den Heiligen Geist, die nicht vergeben wird –, die nicht vergeben werden kann, denn, wenn der Mensch nicht erkennen will, kann ihm kein Gott helfen. Dieses Nichterkennen-Wollen der Weltwirklichkeit, das führt zur Erkrankung des

Menschseins, zur Erkrankung der Menschlichkeit über die Erde hin. Gegen alles das, so legt Rudolf Steiner dar, gibt es nur ein einziges wirkliches Heilmittel, und das ist die Schilderung, die diesem Beitrag zugrunde liegt.

Im letzten Vortrag des Zyklus «Das Karma des Berufes in Anknüpfung an Goethes Leben»[2] spricht er davon, daß die Menschheit diesem Untergang nur wird entgehen können, wenn Sakramentalismus nach und nach in alle ihre Tätigkeiten einzieht, wenn alle Verrichtungen der Menschen in allen Berufen nach und nach einen sakramentalen Charakter annehmen, wenn das Handeln der Menschen wiederum zum Gottesdienst wird. Und das allererste, womit die Menschheit anfangen kann, ist das Gebiet der Pädagogik und der Heilpädagogik. Nun muß einem Verständnis dessen, was Sakramentalismus im Handeln sein kann, zunächst ein anderes vorausgehen. Rudolf Steiner richtet den Blick auf die Dämonisierung unserer ganzen Umwelt. Es handelt sich dabei um eine Terminologie und eine Anschauungsweise, die im anthroposophischen Erkenntnisbereich nicht die ihnen gebührende, wichtige Stelle einnehmen. Wir sprechen gerne und oft von Ahriman und Luzifer, auch von den Asuras, aber wir greifen nicht auf, was Rudolf Steiner von den Anfängen bis in sein letztes Lebensjahr ununterbrochen von der hundertfältigen Dämonisierung des ganzen menschlichen Lebens sagte. Wir brauchen, so Rudolf Steiner, gegenüber dieser Welt der Dämonomagie, die uns umgibt, auch eine Dämonologie, ein Verständnis des Wesens der Dämonen. Und hier kommen wir zu einem Aspekt, der leider, wie die Älteren wissen, aus gesellschaftsgeschichtlichen Gründen nicht voll im Bewußtsein lebt. Nach dem Tode Rudolf Steiners setzte Ita Wegman das, was er als «Leitsätze» geschrieben hatte, eine Zeitlang im «Nachrichtenblatt» fort. In diesen «Kleinen Leitsätzen» übermittelte sie auch vieles, was sie von Rudolf Steiner mündlich gehört hatte. Die ganze Sache war aus der damaligen Gesellschaftssituation heraus umstritten, und so gerieten diese Mitteilungen Ita Wegmans etwas in Vergessenheit. Nun finden wir aber dort eine Mitteilung, von der Ita Wegman sagt: «So hat es mir Rudolf Steiner erzählt», die im allerengsten Zusammenhang mit den Fragen nach der Sakramentalisierung der Tätigkeiten steht. Sie richtet den Blick zunächst auf jene Dämonenwelt, die sich besonders gegen alle michaelischen Impulse wendet und fährt dann fort:

«Sie [die Anti-Michael-Dämonen] verbergen solche Absichten, und nur Menschen können den Dämonen ihre Geheimnisse entlocken. Nur Menschen sind es, die von Dämonen-Geheimnissen ein Wissen haben können. Die Götter warten auf diese Geheimnisse, die ihnen die Menschen entgegenbringen, und die Götter sind es, die diese Geheimnisse der Dämonen den Menschen wiederum nur enträtseln können.»[3]

Wir schauen hier hinein in ein wunderbares Zusammenwirken von Menschen und Göttern. Die Götter können nicht wissen, was die Dämonen auf Erden treiben. Denn die Dämonen leben in der Welt der Menschen, wo die Götter nicht sind. Nur die Menschen, die, von Dämonen umgeben, sich mit ihnen auseinandersetzen müssen, können die Geheimnisse dämonischer Verfahrensweisen diesen Wesen entreißen. Aber wir Menschen wissen nicht, was diese Dämonengeheimnisse für einen Stellenwert haben im kosmischen Ganzen. Und so tragen wir das, was wir den Dämonen entrissen haben, den Göttern entgegen, und diese sagen uns, was das eigentlich bedeutet, was die Dämonen treiben.

Rudolf Steiner schildert, wie Christus die Dämonen austrieb und weist darauf hin, daß wir Menschen auch lernen müssen, die Dämonen aus den Verhältnissen auszutreiben, die uns umgeben. Damit ist die entscheidende Klammer zu unserem Thema gegeben: Das können wir nur, wenn wir unsere Handlungen sakramentalisieren. Drei gewaltige Begriffe formuliert Rudolf Steiner –, und wir erinnern uns, daß deren Verwirklichung zunächst auf dem Gebiet der Pädagogik und Heilpädagogik möglich ist.

- Der erste Schritt ist die Sakramentalisierung unserer Berufstätigkeit in der Welt.
- Der zweite Schritt – hier greift Rudolf Steiner das deutsche Wort auf – führt dahin, daß all unser Handeln ein Gottesdienst wird, ein Dienst an der Gottheit.
- Der dritte, große Schritt besteht darin, daß wir nichts tun als dasjenige, bei dem Christus helfen kann.

Dies sind ja ungeheure Stufen eines ganz neuen Mysterien-Schulungsweges, der sich da abzeichnet. Bedenken wir, was es bedeutet, wenn ein Mensch wirklich so weit kommt, sich bei allen entscheidenden Handlungen zu fragen: Ist das etwas, was auch der Christus in mir tun könnte? Ist diese Handlung so, daß der Christus sie helfend begleiten könnte? Das alles wollen wir im Hintergrund haben, wenn wir nun den Blick auf die Situation der Heilpädagogik in der Welt wenden.

Für dieses Thema ist ein ganz bestimmter Stimmungshintergrund gegeben. Dieser hängt mit der sich über die Welt immer stärker bemerkbar machenden Tatsache zusammen, daß die alten, instinktiven Kräfte des Helfen-Wollens und Helfen-Könnens im Menschen erlöschen. Alles, was früher durch die Jahrhunderte bis in dieses Jahrhundert hinein gleichsam aus der Natürlichkeit der Herzenskräfte erfloß, hört auf. Immer offener wird davon gesprochen, daß wir für die heilpädagogischen Aufgaben nicht mehr die Menschen finden, die dieses Helfen-Können und Helfen-Wollen beherrschen. Man muß einen solchen Vorgang, der in vielerlei Variationen weltweit sich abspielt, verstehen. Es ist die immer deutlicher werdende Folge des Schwellenübertrittes der Menschheit. Die ganze Menschheit, so schildert Rudolf Steiner, ist in den Jahren von 1842 bis 1879 über die Schwelle in die geistige Welt eingetreten. Nur hat das individuelle Bewußtsein der Menschen diesen Schritt nicht oder kaum nachvollzogen. Daß im individuellen Bewußtsein jedes einzelnen auch die Schwelle überschritten werde, ist das Ziel des ganzen fünften nachatlantischen Zeitraumes. Nun hatte dieser Schwellenübertritt eine ganz bestimmte Folge. Früher, als sie noch in dieser Leibeswelt waren, haben die Menschen ihre Inspirationen, Begabungen und Begeisterungen aus dem Leib empfangen können. Es war der Leib selbst, der den Enthusiasmus, das Mitleid, die Liebe, auch die Fähigkeiten und das Helfen-Können hervorbrachte. In den hundert Jahren seit dem Schwellenübertritt wurden die letzten Reste der Erbschaft davon verbraucht. Es ist eines der großen Menschheitsprobleme der Gegenwart im weitesten Sinne, daß der Leib nichts mehr hergibt für die Menschlichkeit und für den Menschen selbst. Bis in die letzten Jahrzehnte, ja, bis in die Gegenwart hinein, reichen immer noch die letzten Ausläufer der alten Erbschaft: ein instinktives Erkennen der

Nöte des Mitmenschen, ein gewisser diagnostischer Blick, der ihm therapeutische Maßnahmen aufzeigt, die Fähigkeit, aus sich selbst, aus der Naturbegabung pädagogisch richtig zu handeln, die richtigen Handgriffe zu tun, und das als Naturkraft im Menschen lebende Mitleid mit dem Behinderten, das ihn sozusagen hellsichtig machte. Und weil das alles am Anfang des Jahrhunderts noch als Erbschaft da war, waren auch die starke Kraft und die Fröhlichkeit vorhanden, das Tageswerk als Heilpädagoge zu vollbringen. Dann begann sich seit zehn, zwanzig Jahren das Versiegen dieser natürlichen Begabungen abzuzeichnen. In diesem letzten Jahrzehnt – dies hat sich mir bei vielen Besuchen in heilpädagogischen Heimen in der ganzen Welt bestätigt – entstand bei vielen, gerade auch bei manchen der besten Heilpädagogen ein Gefühl des Ungenügens, und zwar des Ungenügens gegenüber dem, was die geistige Welt von einem erwartet in der heilpädagogischen Tätigkeit. Mit diesem Gefühl gehen dann all die Formen von Frustration und «Burn-out-Syndrom» einher, die ja bekannt sind.

Mit dem Hinblicken auf den Tatbestand, daß der Leib nichts mehr hergibt, hängt der andere Aspekt zusammen, daß nicht nur alles aus der Individualität geschaffen werden *muß*, sondern jetzt geschaffen werden *kann*. So wie der Leib Jahrtausende in seiner Leibesumwelt war und von dort die Kräfte des Geistigen, die darin lebten, heranziehen konnte, so ist jetzt die Individualität in ihrer Welt und kann die Kräfte in sich hineinziehen. Das führt uns zum Hinblicken auf den Schulungsweg, der in den letzten drei Beiträgen im Mittelpunkt gestanden hat. Denn Schulungsweg heißt nichts anderes, als aus der Individualität selbst heraus aufzubauen, was früher naturgegeben durch den Leib vorhanden war.

Nehmen wir aus diesem Bereich noch einmal drei große Prinzipien, die mit unserem Thema eng zusammenhängen. Eines der Hauptgesetze des Schulungsweges lautet: Rhythmus ist Kraft. Die Meditation, die Übung, die ich mache, kann so klein und so kurz wie immer sein: Wenn ich sie rhythmisch mache, jeden Tag, fängt sie an, wirksam zu werden. Ausgehend von so einem zunächst einfachen, aber durchschauten Rhythmus beginnt sich dann der Tageslauf auch rhythmisch zu gliedern. Ich sage das deshalb, weil bei diesem Punkt einer der großen Dämoneneinbrüche der Gegenwart liegt. Es ist ein Hauptmerkmal dämonischen Wirkens, daß es chaotisiert. Man könnte sagen, die Dämonen hassen nichts so sehr wie einen klar gegliederten Rhythmus, aus dem Ordnung hervorgeht. Arrhythmisches Verhalten, Unordnung, ein Durcheinander in den Abläufen: da fühlen sich die Dämonen wohl, das fördern sie.

Der zweite wichtige Grundsatz, der in aller Schulung gilt, besteht darin, daß man lernt, das Wesentliche vom Unwesentlichen zu unterscheiden. Das heißt, immer mehr mit der Frage zu leben: Was ist denn jetzt wirklich wichtig? Die Dämonenwelt um uns herum versucht ständig, alles zu banalisieren. Rudolf Steiner benutzte ein schönes, altes deutsches Wort. Er sagte, die Dämonen wollen, daß wir unsere Zeit verschwenden mit «Kinkerlitzchen». Er schildert auch, daß es Gebiete gibt, wo diese Dämonen überquellen «wie die Maden aus dem Käse». Das ist zum Beispiel bei der Mode der Fall. Es ist doch völlig unwesentlich für die Menschheitsgeschichte, ob in einem Jahr der Hut so sitzt oder anders! Auch wenn wir diese groben Beispiele, die ja auch leicht zu durchschauen sind, beiseite lassen, müssen wir uns doch sagen: Wieviele banale Dinge nehme ich wichtig im Alltag, und sie sind eigentlich ganz unwesentlich.

Der dritte Hauptpunkt der Schulung ist Konzentration; es ist das Leben mit der Frage: Was ist wichtig, jetzt und hier, in diesem Augenblick? Denn auf diesen Bereich richtet sich die dritte Angriffswelle der Dämonen. Sie trachten danach, den Menschen dauernd zu zerstreuen. Zerstreuung ist ja geradezu ein positives Wort geworden.

Versuchen wir, diese Angriffe der Dämonen gegen die Schulungsbemühungen ein wenig zusammenzusehen: die Chaotisierung, die Banalisierung, die dauernde Zerstreuung. Sie sind es, die uns dazu führen, daß wir den Göttern nicht genügen können, daß wir nicht das Gefühl haben, wir erfüllen, was wir sollen. Damit sind wir an einem Punkt angelangt, an dem so viele anthroposophische Freunde sind: Man kann das alles einsehen – aber es ändert sich nichts. Alle Prinzipien des Schulungsweges, all die schönen Sentenzen kann man begreifen. Und dann? Dann kommt die bekannte, sehr ernste, im Grunde genommen doch tragische Sentenz: Ich weiß, ich müßte meinen Willen stärken, aber mir fehlt der Wille dazu. Hier kommt die große Klammer zu unserem Thema: Das Sakramentale allein, sagt Rudolf Steiner, ist das Kraftfördernde für den Menschen, daß unsere Arbeit rituellen, kulturellen Charakter bekommt, daß unsere Arbeit in allen Verrichtungen ein Gottesdienst wird.

Nun leiden wir, wenn wir ein solches Wort benützen, unter einer sozusagen konfessionellen Urkrankheit, nämlich der Meinung, daß Gottesdienst etwas Langweiliges sei, dem man mit einem langen Gesicht beiwohnen müsse. Es wäre ein riesiges Mißverständnis, wenn wir meinten, das Ganze müßte in Sentimentalität getaucht werden, und daß man mit derselben Miene, mit der man sagt: «Ich gehe zur Beerdigung», jetzt sagt: «Ich gehe Kaffee kochen.»

Wir müssen uns klar sein, daß wir in diesem Beitrag die Frage, die sich hier stellt, nicht bewältigen können, nämlich die Frage: Was ist ein Sakrament? Zweitausend Jahre lang haben sich Theologen mit dieser Frage auseinandergesetzt. Es gibt aber Hinweise Rudolf Steiners, die uns zu einem Verstehen hinführen. Betrachten wir die drei folgenden Aussagen aus seinen Vorträgen:

«... immer wenn Sakramentalismus auftritt, ... da strömen die Kräfte aus den oberen Welten in die unteren Welten und wieder zurück.»[4]

«...denn die geistige Welt haftet an dem Sakrament durch die Einrichtung des Kultus. Der Kultus verbindet mit der physischen Substanz das Geistige...»[5]

«...daß in der Materie, wenn sie sakramental behandelt wird, geistige Kräfte unmittelbar wirksam sind.»[6]

Rudolf Steiner stellt in diesen Äußerungen den Bezug zu einer wirklichen Alchemie her, wie sie einmal bestanden hat, wo die Stoffverwandlung möglich war, weil der Alchemist als Eingeweihter die Fähigkeit hatte, das Geistige ganz mit dem Substantiellen zu verbinden. Ein kurzer Blick auf die Geschichte der Sakramente kann dies noch weiter erhellen.

Es gab ursprünglich in der Christenheit nur zwei Sakramente. Im Lauf der Jahrhunderte wurden es immer mehr – es gab bis zu dreiunddreißig Sakramente! Erst das Konzil von Trient, das Tridentinum, schuf die sieben Sakramente, wie wir sie heute kennen. Schauen wir uns an, was durch die Jahrhunderte hindurch das Sakrament geprägt hat, um zu verstehen, was sakramentales Handeln eines Heilpädagogen sein kann. Alle Sakramente setzen sich aus einer Dreiheit zusammen: ein bestimmter mantrischer Text, sozusagen eine Textformel, dann eine ganz bestimmte Substanz, zum Beispiel Wasser, und drittens ein Vorgang, der Substanz und mantrisches Wort miteinander verbindet. Alle Sakramente haben einen Kern, ein unveräußerliches Element. Zu diesem Kern kommen dann gewisse rituelle Ausgestaltungen zum Gottesdienst hinzu. Um uns dies zu verdeutlichen, schauen wir auf das Sakrament der Taufe. Der Kern des Taufsakramentes ist ganz einfach. Die Substanz ist Wasser, die Worte sind: «Ich taufe dich im Namen des Vaters, des Sohnes und des Heiligen Geistes», und der Vorgang ist, daß mit dem Wasser auf die Stirn des Kindes oder des erwachsenen Täuflings das Kreuz gemacht wird, wobei die Worte gesprochen werden. Die katholische Kirche, die ja aus der Tradition noch am ehesten Verständnis für den magischen Charakter der Sakramente hat, anerkennt diesen Vorgang, wenn er aus irgendwelchen Gründen als Nottaufe so stattfinden muß, als vollgültige Taufe. Sie anerkennt – was man früher auf dem Lande wußte –, daß Speichel als Substanz genügt, wenn kein Wasser da ist. Und sie anerkennt, daß die Taufe in so gekürzter Weise voll gültig ist, auch wenn sie von einem Heiden, einem Nicht-Christen, vorgenommen wird. Ein Mensch, der in einer Notsituation von einem Heiden mit Speichel getauft wurde, ist vollgültig getauft; die Taufe kann nicht wiederholt werden. Ich schildere das, um darauf aufmerksam zu machen, wie im Sakramentalen natürlich ein magischer, ein weiß-magischer Charakter liegt.

Wie sieht dieser Vorgang nun aus, wenn er sich in dem doch sehr allgemeinen, vielfältigen Handeln eines Heilpädagogen vollziehen soll? Hören wir zunächst Rudolf Steiner, der die beiden Beispiele, die heute schon unmittelbar möglich sind, anführt. Die eine Möglichkeit, sakramentales Handeln zu verwirklichen, besteht in der Pädagogik: «... wenn wir ein Sakramentales verwirklichen, wenn wir in dem Erziehen und Unterrichten einen Gottesdienst sehen, aber es auch zu einem Gottesdienst machen, dann beginnen wir dasjenige, was die Religionen Taufe nennen, zu spiritualisieren.»[7] Als zweite Möglichkeit, das Sakrament zu verwirklichen, nennt Rudolf Steiner die Erkenntnis, die spirituelle Erkenntnis: «Das Gewahrwerden der Idee in der Wirklichkeit ist die wahre Kommunion des Menschen.»[8]

Auf diesen beiden Gebieten können wir heute bereits beginnen, das Leben, die Tätigkeiten zu sakramentalisieren. Es ist geistesgeschichtlich nicht unwichtig, daß die beiden ersten Sakramente der Christenheit durch Jahrhunderte hindurch die Taufe und die Kommunion waren. Suchen wir nun nach einem Verständnis, wo in der heilpädagogischen Tagestätigkeit Sakramentales, Gottesdienst auftauchen kann. Beginnen wir bei dem Wort «Gottesdienst». Im Zyklus «Das Karma des Berufes des Menschen in Anknüpfung an Goethes Leben» heißt es: «...wenn in dasjenige, was der Mensch verrichtet, das Bewußtsein einzieht, daß überall hinter ihm der Christus ist...»[9] Das bedeutet Gottesdienst, Dienst am Mitmenschen. Gott darf dabei nicht als ein Abstraktum verstanden werden, das sich dann auch in Abstraktheit und Sentimentalität auflöst, sondern wir müssen gewahr werden, daß jeder Mensch, der mir gegenübertritt, eigentlich ein Ausdruck der Christus-Wesenheit ist. Rudolf Steiner wies darauf hin, daß es zum Grundsatz all dessen gehört, was hier ausgeführt wird, daß ich wirklich mit dem Satz leben kann: «Was du dem geringsten meiner Brüder tust, das hast du mir getan.» Und er setzte hinzu: «... man muß diesen Begriff ganz in die Empfindung umsetzen, dann erst wird man auf seine volle Wahrheit kommen.»[10]

Halten wir also zunächst diese beiden Aspekte zusammen: Nichts zu tun, bei dem ich nicht der Auffassung sein darf: «Der Christus neben mir kann und wird mir dabei helfen.» Und sich demjenigen zuwenden, dem das Handeln gilt, zum Beispiel dem Behinderten: Er ist ein Ausdruck des Christus. Nun ist das zunächst die Empfindungsgrundlage, auf der wir die zweite Frage entwickeln können: Was ist denn die Stofflichkeit im sakramentalen, heilpädagogischen Tun? Das ist das Wahrnehmen der Wirklichkeit der physischen Erscheinung. Stellen wir uns rhetorisch die Frage: Habe ich im Bewußtsein, genau vorstellbar, die Haare eines jeden von mir betreuten Kindes, die Fingernägel, die Haut, die Art, wie es atmet, wie es spricht, wie es sich bewegt? Es gibt eine wunderbare Geschichte, die Lili Kolisko mit Rudolf Steiner erlebt hat.

Sie sollte Keimversuche vornehmen, und Rudolf Steiner sagte: «Sie müssen aber Samen nehmen von der gleichen Keimkraft.» Und Lili Kolisko sagte: «Aber, Herr Doktor, ich bin doch nicht hellsichtig, wie soll ich das feststellen?» Da nahm er eine Handvoll Samen und beschrieb ihr jeden Samen: «Sehen Sie, der ist doch ganz stumpf am Ende, und der ist glänzend, und der ist spitz, und der ist schmal, und der ist eingerippt.» Darauf sagte sie: «Zum ersten Mal in meinem Leben hatte ich Samen gesehen.» Im Wahrnehmen der wirklichen Gestalt enthüllt sich zum Beispiel so etwas wie eine starke oder schwache Keimkraft. Wir müssen das Wort von der Andacht zum Kleinen und zum Kleinsten wirklich als Schulungsaufgabe nehmen! Wenn ich nicht ein Bild habe, wie die Fingernägel eines Kindes sind, wie seine Haare wachsen, wie seine Haut ist und so weiter, finde ich die Substanz nicht, an der und mit der das sakramentale Handeln sich entfalten kann. Die guten, alten, instinktiv begabten Heilpädagogen hatten das! Unsere verehrten heilpädgogischen Urväter hatten noch Kräfte aus der Begabung.

Wir kommen jetzt in eine Zeit, wo wir uns diese Fähigkeiten mühsam neu aus dem Ich heraus erwerben müssen. Dann aber erwächst aus einem solchen Erwerben auch die Fähigkeit der pädagogisch richtigen Maßnahme. Ich kenne eine Waldorflehrerin, die durch viele Jahre hindurch immer anwesend war, wenn ihre Klasse Eurythmie machte. Sie saß nur da und schaute zu. Sie sagt: «Ich hätte die Kinder niemals richtig erziehen können, wenn ich nicht gesehen hätte, wie sie sich in der Eurythmie bewegen.»

Und so können wir jetzt den dritten Schritt empfindend verstehen. Wenn ich hinblicke auf die Anwesenheit des Christus in allen Menschen, wenn ich versuche, so zu handeln, daß der Christus dieses Handeln begleiten kann, dann beginne ich zu wissen, daß der Christus selbst es ist, der in dem Vorgang erzieht. Die Christus-Wesenheit wird im sakramental verstandenen, heilpädagogischen Tun anwesend sein. Dadurch geschieht das, was wir beiseite gelassen hatten: die Auseinandersetzung mit den Dämonen. Denn alles das, was wir jetzt betrachtet haben, muß ja den Dämonen entrissen werden. Ihre ganze Wut richtet sich darauf, zu verhindern, daß dieses stattfindet. Und deshalb banalisieren sie, chaotisieren sie, zerstreuen sie und tun noch vieles andere mehr. Jeder von uns weiß ganz genau, wo und wie sie versuchen, uns vom sakramentalen Handeln wegzubringen: Sie machen sich unsere Eitelkeiten, Faulheiten, Verschrobenheiten zunutze – sie schießen mit jeder Munition! Wir können aber das Geheimnis, wie sie uns stören wollen, finden und die gewonnene Erkenntnis bei der folgenden Handlung berücksichtigen. Was heißt das? Ich übergebe die Dämonen den Göttern, ich übergebe sie der Christus-Wesenheit. Indem ich versuche, die Berücksichtigung der Dämonen mit im Handeln zu haben, zu wissen, wie sie es eigentlich stören wollen, beginnt der Christus zu antworten. Ich beginne, im Handeln zu verstehen, worin eigentlich der dämonische Angriff besteht, was er eigentlich erreichen will. Das ist nichts anderes als eine der Formen, durch die der Christus die Wesenheit des Heiligen Geistes zu uns sprechen läßt. Es ist diese Gotteswesenheit diejenige, die das Licht verbreitet über die Situation, in der der Mensch steht. Um uns tobt eine aufschäumende, wilde, böse Dämonenwelt. In der Heilpädagogik, aber natürlich auch anderswo, besteht ein Feld, wo der Mensch versucht, die Dämonen zurückzudrängen, einen Freiraum zu schaffen durch seine sakramentale Intention, in der die Christus-Wesenheit wirksam sein kann – durch den Heiligen Geist. Darin liegt das Kraftfördernde für die Arbeit.

Es gibt keine andere Kraft in der Welt als die, die uns durch die Christus-Wesenheit zufließt. Aber wir müssen die Bedingungen schaffen, daß uns die Kraft zufließen kann. Und das geschieht in dem Maße, wie wir unser Tun und Arbeiten im Heilpädagogischen immer mehr und mehr als ein sakramentales empfinden.

ANMERKUNGEN

1 Emil Du Bois-Reymond, 1818–1896, Berliner Physiologe.
2 Rudolf Steiner, Das Karma des Berufes des Menschen in Anknüpfung an Goethes Leben, GA 172, 1991, Vortrag vom 27. November 1916.
3 Ita Wegman, An die Freunde, Arlesheim, 3. Aufl. 1986, An die Mitglieder!, 4. Oktober 1925.
4 Rudolf Steiner, Innere Entwicklungsimpulse der Menschheit. Goethe und und die Krisis des neunzehnten Jahrhunderts, GA 171, 1984, Vortrag vom 15. Oktober 1916.
5 Rudolf Steiner, Das Zusammenwirken von Ärzten und Seelsorgern, GA 318, 1984, Vortrag vom 16. September 1924.
6 Rudolf Steiner, Menschliche und menschheitliche Entwicklungswahrheiten. Das Karma des Materialismus, GA 176, 1982, Vortrag vom 18. September 1917.
7 Siehe Anm. 2.
8 Rudolf Steiner, Einleitungen zu Goethes Naturwissenschaftlichen Schriften, GA 1, 1987, Goethes Erkenntnis-Art.
9 Siehe Anm. 2.
10 Siehe Anm. 2.

Schlußwort

Wir können erleben, daß die Kraft für unser persönliches Weiterkommen, die Kraft aber auch für unser berufliches Weiterkommen und die Kraft, um den Menschheitsprozeß zu bejahen, aus geistigen Zielsetzungen entspringt und nicht spontan aus den Kräften unseres Körpers erwacht.

Rudolf Steiner hat über dieses Phänomen erstmals zu der Jugend gesprochen. Er wußte, die Menschen, die nach der Jahrhundertwende geboren sind, kommen immer mehr ohne Erbschaft, ohne im Leibe vorhandene Impulse und Kräfte zur Welt. Ihnen gab er das Bild, daß sie sich die Kraft rein aus einem inneren, geistigen Entschluß holen müssen, und er sagte, daß dieser Entschluß wie der Blitz des Willens sein müsse, der in alles einzuschlagen hat, was wir wissen und tun möchten, so daß es tatsächlich auch geschieht. Fichte hat den Satz geprägt: «Der Mensch *kann,* was er *soll;* und wenn er sagt: ich *kann* nicht, so will er nicht.»[1]

Es wäre eine große Freude, wenn etwas von den Impulsen, von denen hier die Rede ist, in der Arbeit vor Ort wiedergefunden werden könnte. Wie wäre es, wenn wir die Gebäude unserer Einrichtungen so betreten würden, daß wir uns sagen: Unsichtbar webt sich entlang der Wände, wölbt sich entlang des Daches, kraftet in den Grundmauern unserer Gebäude etwas von dem übersinnlichen Gralstempel, in dem die christlichen Menschen-Entwicklungsgeheimnisse gehütet werden. Haben wir den Mut, mit unserem Bewußtsein, mit unserem guten Willen die Schwelle zu diesem Tempel, die Schwelle zur geistigen Welt zu überschreiten im Vertrauen darauf, daß das Licht und die Hilfe dieser geistigen Welt uns dann entgegenkommen und uns bei den kleinsten Verrichtungen begleiten werden. Und wenn wir wieder einmal mutlos und verstimmt sind, dann denken wir daran, daß es gerade dieser Willensimpuls ist, der uns einzig und allein aus den Verstimmungen und Verquickungen des Alltagslebens wieder herausheben kann in eine andere Sphäre. Die Sonne scheint, auch wenn finstere Wolken sie am Himmel verdecken. Es ist eine Willensfrage, die innere Sonne am Leuchten und Wärmen nicht zu hindern.

Das Üben der plastisch-musikalisch-sprachlich-eurythmischen Menschenkunde, das wir während der Tagung erlebt haben, ist eine unversiegbare Quelle der Begeisterung. Wir können die Erfahrung machen, daß in diesen Künsten zugleich auch eine Schulung zum Schauen des Karmas gegeben ist, die jeder einzelne, unabhängig von seiner geistigen Entwicklung, direkt praktizieren kann.

Welche Kraft lebt in der plastischen Tätigkeit? In den Bildegesetzen unseres Körpers, in diesen plastischen Gesetzen lebt mit die ganz individuell formende Kraft des vergangenen Karmas. Das, was in den musikalischen Gesetzen lebt, die Differenzierung und die Proportionen, lebt sich als Karma der Zukunft in die menschliche Gestalt hinein. Und da, wo wir dem Menschenwort lauschen, erleben wir die Gestaltungskraft des Ich in der Gegenwart am gegenwärtigen Karma. Ob ein Wort, das wir sprechen, Schicksal erlöst, lindert, tröstet, heilt, verwandelt, oder ob ein Wort verhärtet, Klüfte aufreißt, kränkt – das entscheidet einzig und allein das Ich in der Geistesgegenwart.

In der Eurythmie haben wir eine Schicksalskunst, wo durch die Sprache, durch die Geistesgegenwart, vergangenes und zukünftiges Karma in Harmonie gebracht werden können mit der gegenwärtigen Inkarnation und wo geholfen wird, das Leibesinstrument aus der Vergangenheit und das, was sich aus der Zukunft vorbereitet, aufeinander abzustimmen und in die Herrschaft des Ich zu bringen.

Die Wesensglieder, die den menschlichen Leib aufbauen, sind nichts anderes als Gesetzeszusammenhänge, die wir in den künstlerischen Gesetzmäßigkeiten wiederfinden, und die Eurythmie faßt diese Gesetzmäßigkeiten zusammen und gibt dem Menschen, der sie übt, mehr und mehr die Macht, Herr seines Karmas zu werden und als ein Verwandelnder und als ein Heilender in der Welt stehen zu können.

Unsere Aufgabe in den Einrichtungen für Heilpädagogik und Sozialtherapie dient nicht nur unserer eigenen Lebensverwirklichung. Sie dient nicht nur den Betreuten, die uns das Schicksal anvertraut hat. Wenn es aus einem echten Heilerwillen und einem Enthusiasmus für das Heilen-Können geschieht, so daß die Quelle für dieses Heilen-Können in der inneren Arbeit immer mehr entdeckt wird, ist die Arbeit in den Einrichtungen zugleich auch ein Dienst an der Menschheit, den die Menschheit heute als Heilfaktor für das soziale Leben dringend braucht und auf den die geistige Welt wartet, die Respekt hat vor der Freiheit des Menschen und nur hilfreich sich neigen kann, wenn Menschen dies wirklich wollen.

Allen in helfenden Berufen Tätigen, in welchem Land sie auch arbeiten, wünsche ich herzlich, daß wir durch unser Tun einen Beitrag leisten zu einer immer mehr wachsenden schwesterlichen und brüderlichen Gemeinschaftsbildung über die Erde hin. Mögen Liebe und Begeisterung wachsen, unsere persönliche und berufliche Lebensverwirklichung aus einem freien Entschluß heraus immer mehr zugleich auch als Dienst an der Menschheit zu empfinden und in diesem Sinne die tägliche Arbeit zu tun.

Michaela Glöckler

ANMERKUNG

1 Zitiert nach Rudolf Steiner, Entwicklungsgeschichtliche Unterlagen zur Bildung eines sozialen Urteils, GA 185a, 1963, Vortrag vom 22. November 1918.

Zu den Autoren

Johannes Denger, Heilpädagoge und Waldorflehrer, seit Herbst 1988 Sekretär der Konferenz für Heilpädagogik und Sozialtherapie innerhalb der Medizinischen Sektion am Goetheanum.

Michaela Glöckler, Dr. med., Kinderärztin, seit Ostern 1988 Leitung der Medizinischen Sektion am Goetheanum.

Manfred Schmidt-Brabant, Erster Vorsitzender der Allgemeinen Anthroposophischen Gesellschaft, Dornach, und Leiter der Sektion für Sozialwissenschaft am Goetheanum.

MICHAELA GLÖCKLER (Hrsg.)

MEDIZIN AN DER SCHWELLE

Erkenntnisringen
Liebe als Heilkraft
Schicksalsgestaltung

Arbeitsberichte der Medizinischen Sektion am Goetheanum

Persephone 3
1993, 320 S., Kt
Fr./DM 39,-/ÖS 304,-
ISBN 3-7235-0678-X

Michaela Glöckler
geht in ihren Ausführungen zum Titelthema auf die existentiellen Fragen ein, vor die uns die moderne Medizin stellt. Aus dem Inhalt:
Ethische Fragen als Schwellenfragen: Fragen zur Organtransplantation; Verwirrtheit im Alter – Stehen an der Todesschwelle; Zum Schwangerschaftsabbruch; Symptome des unbewußten Schwellenübertritts; Zur Erneuerung des Mysterienwesens

Mehrere Autoren beleuchten das Thema von verschiedenen Seiten, u.a.:

Ermengarde de la Houssaye
Die Liebe als Heilkraft – zum Impuls des Samariterkurses

Klaus Dumke
Der Karma-Impuls als Grundlage therapeutischen Handelns

Paul W. Scharff
Begegnung mit dem Bösen – Stufen auf dem Weg der Menschwerdung

Erika von Arnim
Taco Bay
Giancarlo Buccheri
Friedwart Husemann
Zu den vier kosmischen Imaginationen

Michaela Glöckler
Das Werden der Medizinischen Sektion im Zusammenhang mit der Freien Hochschule für Geisteswissenschaft am Goetheanum

Schwellenbewußtsein im sozialen Leben – Zum Führungsstil und zur Sozialgestalt der Allgemeinen Anthroposophischen Gesellschaft

Jacob A. Bijkerk
Charakteristische soziale Entwicklungs- prozesse in Einrichtungen und Institutionen

FRIEDRICH LORENZ

VOM WESEN DER ELEMENTE

Substanzbetrachtung
Naturbeobachtung
Menschenkunde

Herausgegeben und mit orientierenden Hinweisen versehen von Rosselke Zech Wertheim Aymes

Arbeitsberichte der Medizinischen Sektion am Goetheanum

Persephone 4
1993, 155 S. Kt
Fr./DM 34,-/ÖS 265,-
ISBN 3-7235-0703-4

«Diese Berichte aus der Lebensarbeit von Friedrich Lorenz wenden sich nicht nur an therapeutisch und ärztlich Tätige. sie sprechen jeden Menschen an, der seine Beziehung zur Natur mit ihren Substanzen und Prozessen vertiefen möchte.»
Michaela Glöckler

In diesem Band sind einige der schönsten Arbeiten von Friedrich Lorenz gesammelt:

- Über das Gold
- Die vier Elemente
- Die Dreiheit in der Einheit - Kohlenstoff
- Zeitkrankheit Krebs
- Die Mistel als Heilpflanze
- Karfreitag
- Eine neue Zeitschrift

- Hinweise Rudolf Steiners auf eine Farbentherapie
- Eine Reise zu den philippinischen Heilern
- Das Schwert Michaels

Mit einer Gedenkansprache für Friedrich Lorenz von Manfred Schmidt-Brabant und einem biographischen Abriß von Michael Domeyer

Über den Autor:
Friedrich Lorenz eröffnete nach dem Zweiten Weltkrieg, den er als Arzt mitgemacht hatte, eine Praxis in Berlin. Ab 1965 war er praktizierender Arzt an der Lukas-Klinik in Arlesheim, richtete dort das "Seminar für Ärztliche Fortbildung" ein und widmete sich der Heilmittelforschung. Von 1977 bis zu seinem Tode im Jahre 1987 hatte er die Leitung der Medizinischen Sektion am Goetheanum inne.